教育科研工具箱

刘正华　著

吉林文史出版社

图书在版编目（ＣＩＰ）数据

教育科研工具箱 / 刘正华著. -- 长春：吉林文史
出版社，2018.11
　　ISBN 978-7-5472-5735-7

　　Ⅰ. ①教… Ⅱ. ①刘… Ⅲ. ①教育研究－研究方法
Ⅳ. ①G40-03

　　中国版本图书馆 CIP 数据核字(2018)第 262429 号

书　　名：教育科研工具箱
著　　者：刘正华
责任编辑：钟杉　　陈昊
选题策划：丁瑞　　李丽
出版发行：吉林文史出版社
印　　刷：廊坊市海涛印刷有限公司
版　　次：2018 年 11 月第 1 版
　　　　　2022 年 8 月第 2 次印刷
开　　本：787×1092　　　1/16　　　印张：12.25
字　　数：260 千字
定　　价：50.00 元

地　　址：长春市人民大街 4646 号
电　　话：0431—86037451（发行部）
网　　址：www.jlws.com.cn

目 录

课题管理

教育科研的方向与方法

教育科研是人们有目的、有计划地采用科学的方法对教育现象和教育实践进行系统的探索，揭示教育现象的本质和客观规律的认识活动和实践活动。中小学教师处于教育科研的最佳位置，拥有极好的机会和条件，为做好教育科研工作提供了充分可能性。方向科学、方法得当的"教研相长"，将有助于中小学教师专业提升，不但不会为教育教学增加额外负担，相反会用"质性敬业"代替"量性敬业"，在有限的时间内取得最佳的教育教学效果。

一、中小学教育科研的方向

教育科研是提高学校教育教学质量的"第一生产力"。科研兴教、科研兴校已成为当下中小学校响亮的口号。无论教师个人还是学校群体的各种评优晋级，教育科研能力、成果都是其重要的甚至是一票否决的条件。但勿庸讳言，在这发展迅速的背后，也存在着许多不容忽视的问题。如何正确把握其方向，促进其健康发展至关重要。

（一）中小学教育科研要以解决实际问题为立足点。

中小学教育科研的主体是中小学教师，而中小学教师又是教育教学任务的承担者，和专业研究人员相比，这一角色决定了其参加教育科研的优势在于善于及时捕捉现实中的问题，开展有针对性的研究同时又能够将科研成果迅速的用于实践，解决实际存在的问题。但同时，繁重的教育教学任务也决定了中小学教育科研不可能也没有必要以构建教育理论体系为主要的研究目的。我们不是为研究而研究，更不会研究出"只打鸣不下蛋的公鸡成果"。正如南京师大教授、博士生导师杨启亮先生在《普通学校教育研究的重要品格》中所说："多数研究者并不具备最低标准的素质基础，同时却不甘心实事求是地选择自发性小课题进行尝试性研究而是热衷于课程体系、方法体系、评价体系、模式体系、创新体系乃至于 21 世纪创新人才素质规格、21 世纪教育的可持续发展对策等等，以求是的态度而论，如这种集全国全省的优秀专业人才来研究也须费尽心血的课题，由某所中小学校的学过些教育学常识的教师或校长来主持研究，是绝无意义和价值的，倘能研究并能结题且通过鉴定，则只能说教育研究中可能流行皇帝的新衣了。"中小学教师研究教育其优势其生命力在于贴近现实用于实践，运用有关教育基础理论知识解决教育教学中的实际问题应当是中小学教育科研的立足点。

（二）中小学教育科研要以学习研究为重心。

社会正向人文的方向迈进，与之相适应的，教育也正在发生着深刻的变革，教育的根本目的已转为提高人的素质、使人得到充分发展。应当说我们以往的教育科研一直是以教学研究为中心的。教学研究和学习研究是大不相同的，教学研究是以教为中心、以教师为中心的研究，学习研究是以学习为中心、以学生为中心的研究。所谓学习研究从理论上说就是要研究学习的规律，研究学生如何有效地从原有知识和能力向新知识和能力的转移。目前研究学习主要有两类方法。一类是从现有教育学和心理学，以及成功的实践中提出规律，研究专家们的学习规律。另一类是基于跨学科的更为基础的研究，它涉及教育、神经科学、认知心理学、发育生理学、计算机科学、人类学和社会心理学等学科，称其为学习科学。作为中小学的教育科研能够做的、可以做得好的是前一类的研究，即在大量个案的积累研究基础上依据教育学心理学的原理找到学习的规律。这类研究的实效性比较强，其成果便于推广应用。

（三）中小学教育科研要以反映个性特色为发展目标。

中小学教育科研作为一项群众性的研究活动，也应有自身的价值和质量。价值和质量要从个性和特色中去体现。所谓个性和特色就是有独特的视角、独特的理解、独特的贡献。有个性有特色才有生命力。现实中我们可以看到，有的课题老调重弹，缺乏新意；有的课题大同小异，缺乏特色；有的课题盲目跟风，脱离自身实际。如"培养良好学习习惯的研究""某某学科教学中学生创新素质培养的研究"等，个性和特色就不明显。有一个课题名称为《高跷在〈体育与保健〉课堂教学中的应用研究》，这个研究对民间传统文化的继承，体育教学目标的实现，校园文化的孕育等方面就能起到很好的作用。一个教育科研要出成果，要从众多的课题研究中冒出来，确实需要自身的个性、自己的特色。当然，反映个性体现特色并不是为新而新为特而特，而是在遵循教育科研规律的前提下，全面分析研究自身和他人的基础上，从自身优势和实际需要出发，进行有针对性的研究，取得有价值的成果。

二、中小学教育科研的方法

叶澜教授曾说，能唤起教师职业内在尊严和欢乐的是两个大写的字，那就是：创造。中小学教师参加教育科研就是一个创造的过程，在工作中加以研究，在研究状态下工作是增强教师职业工作创造性的有效途径。教育科研方法是应用科学方法解决问题的过程。中小学教师以研究者身份围绕服务教育教学质量和水平提升展开研究，方法多样，也不能说哪一种或者哪几种最为有效，但通常要把握如下几点：

（一）自觉以研究者身份展开教育教学问题研究。

研究者两个最重要的特点就是问题意识和研究态度。问题意识是促进教师教育教学研究的内在动力。教师提不出真正的教育教学问题，就不会有真正的教育教学思考和研究。任何教育教学问题只有被意识到并被提出来，才可能成为教师的研究对象并引起教师设法解决。教育教学问题能够激发教师的好奇心，促进教师对教育真谛不懈追寻。中小学教师如何利用问题意识捕捉教育教学问题呢？就是要在教育教学困境中发现问题、在教育教学情境中洞察问题、在教育教学活动基本要素中追踪问题。

研究态度是教师对教育教学研究活动的一种有选择的准备状态及心理倾向，表现为教师对教育教学研究活动的看法和认识程度。为了有效履行职责，中小学教师应该对教育教学活动持积极的研究态度。教师只依靠问题意识发现教育教学问题是不够的，还要以积极的研究态度将问题变成有研究意义和价值的真问题，同时真正研究怎样更好地解决问题，以助力教育教学的创新和教育质量水平提升。从宏观层面开展教育教学整体性研究、从系统层面开展教育教学多样化研究、从立体层面开展教育教学精致化研究。

（二）积极推崇以行动研究为主要研究方法。

在中小学开展教育科研比较合适的研究方法是行动研究法。行动研究法最早是由美国社会心理学家库尔特卢因在 1946 年提出的。所谓行动研究是从实际工作需要中寻找课题，在实际工作过程中进行研究，由实际工作者和研究者共同参与，使研究成果为实际工作者理解、掌握和实施，从而达到解决实际问题，改善社会行为的目的。从经典意义上说，和实验研究法相比，行动研究法是一种非正规的研究方法。但对于中小学教师来说则是最合适的研究方法，因为行动研究与一般研究方法比较起来，有许多适合广大中小学教师运用的特点。行动研究法还有一些特点：以提高行动质量、解决实际问题为首要目标；以研究过程与行动过程的结合为主要表现形式；以教师对自己从事的实际工作进行持续反思为基本手段。它使教师的教育教学过程成为研究的过程，研究的成果又可以及时的运用于教育教学，这不仅可以克服教师在工作和科研中时间、精力不能兼顾的矛盾，而且可以避免科研和实践"两张皮"的现象，切实提高教育科研的实际效益。

当然，行动研究并不等同于自然状态下的工作，对采用行动研究法进行研究的教师来说，必须坚持实事求是的科学态度，加强理论学习，提高理性思维的水平，要善于灵活运用定性与定量的观察技术和资料分析技术，确保资料搜集的可靠性、有效性，尤其要注意的是行动研究不仅要利用观察调查手段去诊断现状发现问题，而且要用实验的手段去改变现状。

（三）注重案例研究推广培育教育典型。

案例研究是对教育教学现实中某一复杂而具体的现象作深入研究，并找出解决问题的关键节点。中小学拥有丰富的教育教学案例素材，包含不同的问题或困境。教师可以根据不同情况与遭遇，选择自己感兴趣的典型案例，用不同的方法对其深入透彻分析，辅之思想和感情，加上理解和阐释，反映问题实质，总结经验教训，以更好地研究解决教育教学中的棘手问题，增强解决实际问题的能力，有效促进专业成长。案例研究一种常用方法是叙事研究。这是通过研究对象的叙事来描述其个人工作生活中的重要事件，并将其以故事的形式展现出来，其中蕴含着叙事者个人的实践经验及其实施情形。叙事研究所叙之事是教师在日常生活、课堂教学中亲历的故事，是曾经发生或正在发生的事件。叙事研究素材相当丰富，可以说教育教学活动范围有多广阔，叙事研究对象就有多丰富。教师可以通过将一则教育教学故事讲透彻、说清楚，反映一种问题，衬托一种观念，呈现一种方法，表达一种情感，展现一种抱负，阐明一种哲理。

通过案例研究推广培育典型，就是对中小学教师（包括学校）的典型教育经验进行发掘、建模、检验和推广。研究主体是中小学教师群体。其目的是通过对教师群体教育教学经验的研究，促进教师群体形成自觉的研究态度，鼓励广大教师积极参与教育教学研究。这种研究提倡群体合作，凝聚研究力量，汇聚集体智慧，建构可供推广使用的教育教学经验模式，助力教师队伍集体成长。

（四）运用课题策略深度发掘研究问题。

中小学如何提炼教育科研课题呢？发现并提出有意义的问题是研究的起点。教师的教育研究是以教师观察或感受到的教育问题为研究起点的，但如果提出的问题是一些不明确、含糊、不适当的问题，就不宜于研究。要把教育问题转化为科研课题，教师就应在分析、判断、评价的基础上对教育问题进行必要的体验。教育科研课题的提炼有几种策略：一是缩小，即把宽泛的主题缩小到易于把握的程度；二是拓展，即把狭窄的现实问题扩充、丰富；三是分析，即对模糊、复杂的问题通过分析，使其范围集中，研究任务明确，研究重点突出；四是转换，即对平淡的问题推陈出新，从新颖的角度形成研究课题。

以课题为载体，有利于中小学教育科研的全程深度发掘。确定选题之后就是课题方案的落实、研究成员的学习准备、课题实践课的会诊、阶段成果的汇报、研究论文的撰写、研究报告的成文等等。经历这样一个整体过程，每个参与教师都将成为教育科研的行家里手。

总之，中小学教育科研是经济发展和社会进步以及教育变革自身的需要，是教师自我发展的需要。教育工作既复杂又丰富，教育工作没有最好，只有更好。我们要精于教育教学，也要深谙教育科研，昂首挺胸行走在未来教育家的路上。

课题开题、结题要求

一、课题开题要求

开题是课题过程管理中的重要一环，有了效果图还要有施工图。我们经常说开题比结题重要，方向比方法重要。开题论证是对立项课题研究进一步进行分析、预测和评价，目的在于避免课题研究中的盲目性。进行课题的开题论证，其本身也是一种研究。

开题论证主要看课题的研究内容是否紧扣主题，是否具体明确，是否整体完备，是否难易适度，是否相对独立。要求做到五对应：论证研究内容与研究目标、前人研究存在的问题，核心概念界定，拟完成的主要成果。论证的重点包括：一是研究内容的"长（研究时间）、宽（研究范围）、高（研究水平）"论证；二是研究目标能否落实的论证；三是研究任务到人以及"人、财、物"落实的论证。使课题研究少走弯路，顺利结题。

开题能够清理思路，聚焦问题，开展行动，使研究一开始就建立在切实可行性的基础上。因此课题主持人要亮观点、提假设、讲可能、做决断。增强课题研究的可行性，避免或减少无效研究，提高研究质量与效益。

（一）清理思路

首先要解题破题。究竟课题的关键核心问题是什么，两个或几个变量之间是一个什么样的逻辑关系。是归因关系还是并列关系，或包含与被包含的关系，都要弄清楚。比如：《学校阳光体育实施效果的实证研究》的核心问题是学校，是指哪类学校？高校还是中小学，或是所有学校？开题时要把它做进一步的明晰。

其次要定位。确定课题是思辨性的理论研究还是实践性的应用性研究。理论研究重在明理，实践研究重在应用。基层学校做课题主要还是实践性的应用研究，重在研究解决人才培养中的实际的问题。在研究中要克服就事论事，在做中明理，在做中注意归纳、概括、提炼、上升。如：《现代远程教育中学生自主学习能力的培养研究》，要从理论上着力回答什么是学生自主学习能力包括哪些方面，如何培养手段途径策略等，同时要与远程教育条件下联系起来。

第三、准确界定核心概念。对核心概念的内涵特征、研究对象、范围等作进一步的限定，力求准确无歧义。

第四、科学选择方法。针对研究的需要与问题恰当地选择研究方法，常用的方法有文献研究法、行动研究法、调查研究法、课堂观察法、比较研究法、个案研究法等等。

（二）聚焦问题

要明白问题即课题。把问题找准，通常研究内容也就是解决的问题。一个课题可能涉及方方面面的问题，但一次要全部解决不可能，要善于抓住关键的核心问题实施重点突破，与其全面肤浅，不如片面深刻就是这个道理。如：《基于互联网教学平台和数学软件辅助教学的研究与实践》，数学课程改革是关键核心问题，在关键问下可分解为"基于互联网教学平台和数学软件辅助教学与数学课程的关联？为什么要基于这样一个研究前提和切入点来研究？如何进行改革，改革什么？怎样改革？改革的效果怎样检验等。

（三）开展行动

理清思路，聚焦问题，随即要展开实质性的行动。一是要组织好研究团队和力量，课题组成员的要注意到年龄结构、学历结构、职称结构、学科结构。二是精心制订好研究计划与方案。三是着手收集整理相关资料，开展与课题相关的教育实验，学术研讨，撰写论文与著作等。行动要体现有所为有所不为，有所先为有所后为。不偏离研究方向，不作无效研究。

开题所要达到的效果怎样呢？那就是要对课题设计做进一步的深化、优化、细化和量化。

（一）所谓"深化"即深化问题认识。就是要抓住问题的本质，把本来比较抽象的问题具体化，把复杂的问题简单化，把系列问题条理化，把大的问题分解为若干个小的问题，把虚的问题化为实的问题。通过表象透视深层次的问题。

（二）所谓"优化"即优化研究实施计划。主要是对课题的整个设计框架再次进行全面审视，尽可能做到清晰问题无缺失，理论支撑有根据，研究假设无遗漏，方法选择无差错，研究思路很清晰，技术路径无偏差，人员分工很明确，条件保障能落实。

（三）所谓"细化"即细化研究过程。对研究的每一个具体环节，每一个实施步骤，每一项研究活动作出详细的安排，每个阶段做什么，由谁来做，何时完成，出什么样的成果，都要一一作出安排，尽可能使研究有序推进，避免盲目行事。

（四）所谓"量化"即量化研究成果。

主要指对课题预期成果包括阶段性成果和终结性成果从数量与层级上提出恰如其分切合实际的目标，用什么样的成果来对应研究内容与问题，确定成果表现形式与数量，构架学术论文、专著初步框架，拟定篇章节目，确保有足够数量的成果支撑研究目标，为以后结题验收奠定基础。

课题开题基本程序如下：

（一）学校领导礼节性发言并介绍课题开题论证会的领导、专家、主持人、课题组成员。

（二）课题管理部门介绍课题开题论证的目的、重点和要求。

（三）课题主持人介绍《课题开题论证书》。内容如下：

1、为什么要研究这个课题（问题的提出和研究意义）。

2、本课题研究解决什么问题（题目），具体分解到哪些内容（研究内容）。

3、研究这些问题拟达到什么目标。

4、课题研究的核心概念怎么界定的。

5、课题组拟采取什么办法和措施开展研究。包括具体的研究方法、步骤。

6、课题研究拟得到什么阶段性和最终研究成果，成员怎么分工合作完成研究任务。

（四）专家咨询指导。如果课题较多，时间不够的话，专家可各以一个课题为重点进行论证，其他专家补充。

（五）时间充裕，各课题组主持人或成员向专家咨询、互动。

二、课题结题要求

结题准备材料：

1、课题申报评审书、课题立项通知书原件。

2、课题实施方案、各阶段的研究工作计划和研究工作总结。

3、阶段性成果：如其调查报告、发表的论文、典型课例、案例、获奖证书、影像资料等。

4、过程性材料：观察记录、调查方案、调查问卷、调查结果分析、反思总结、工作记录、活动总结。

5、课题研究工作报告。

6、课题实验研究报告　■结题报告。

7、课题自我鉴定 300 字左右。

结题基本程序：

1、主持人介绍参会专家和领导　　2、单位领导致辞。

3、课题申报人作开题报告。　　　4、专家具体论证指导。

5、课题主持人表态发言。　　　　6、专家组长宣读结题意见。

附：《"分享教育"理念下多校区均衡发展行动研究》结题鉴定（示例）

*年*月*日，专家组对**小学承担的教育科学"十二五"规划课题《"分享教育"理念下多校区均衡发展行动研究》进行了现场结题鉴定，形成意见如下：

该选题对于当地中小学集团化办学研究很有借鉴意义。作为一个综合性实践研究课题，参与的学校和人员多，覆盖面广，将12所联盟学校各个层面工作全面整合，把常规引向规范，把特点引向特色，有理论支持，有方法指导，特色鲜明。

课题研究过程扎实有效，行动研究组织有力。紧扣主题做真研究，做实研究。集合了该集团的全体学校管理人员，分工负责，职责明确。

课题研究成效有深度，从内涵到策略，目标定位科学、缜密，课题组不断研讨总结提炼，形成了四条策略，具有原创性，并上升到管理的高度，校区间均衡成长，社会效益显著，有一定的应用价值，推广性强。

课题研究成果丰厚，效果明显。从学生分享到学校分享，提升办学境界，体现该校的教育情怀，也体现该校教育思想，把成果分享到位，办学效果得到了社会普遍赞誉。经过四年多的研究历程，从分享资源到分享理念，淡化主体地位，途径上升到理论高度，课题坚持从理论研究走向实践研究，有创新性。

经综合评价认定为优秀等价。建议在学理性方面进一步完善，加强文献综述，并用量化的数据方式更加充分表达课题成果以及影响。

专家组成员：***

教育科学规划课题成果鉴定等级评定表

课题名称					课题级别	
成果名称					成果形式	
学科分类			主持人		工作单位	
内容等级	A级	B级	C级	D级	综合等级（优、良、合格、不合格）	
科学性						
创新性						
规范性						
成果价值						
可持续性						
鉴定专家			工作单位			

教育科学规划课题重要事项变更申请审批表

课题名称				课题批准号	
课题主持人		工作单位			
学科分类		课题类别			
联系电话	（办）	（宅）		（手机）	
通讯地址					

变更内容：

☐变更课题主持人　　　　　☐变更课题管理单位

☐延期一年　　　　　　　　☐其他

变更事由（延期须写明课题以往延期情况、课题进展情况、已发表的阶段性成果；变更课题主持人须有变更前后主持人的签字，并写明新课题主持人的研究方向、职称、工作单位、联系电话、相关领域近5年公开发表的主要科研成果等情况；变更课题管理单位须由调出、调入单位签署意见并盖章：

课题主持人（签章）：

年　月　日

课题主持人所在单位意见	课题主持人或课题管理单位变更填写
签　章 年　月　日	课题接受人意见： 签　章 年　月　日 课题接受单位意见： 签　章 年　月　日

教育科学规划领导小组办公室意见

签　章

年　月　日

注：1. 请将此表（正反面打印）二份邮寄至教育科学规划办收。

2. 变更申请以收到教育科学规划办的批复为准。

年度	
编号	

（以上由教育科学规划办填写）

教育科学规划课题

立项申请·评审书

学 科 分 类 _____

课 题 类 别 _____

课 题 名 称 <u>教育科研成果推广的研究与实践</u>

依 据 指 南 题 号 _____

课 题 主 持 人 _____

主 持 人 所 在 单 位 _____

填 报 日 期 _____

教育科学规划领导小组办公室

申请者的承诺与成果使用授权

一、本人自愿申报**教育科学规划课题。

本人认可所填写的《**教育科学规划课题立项申请·评审书》（以下简称为《课题申请·评审书》）为有约束力的协议，并承诺对所填写的《课题申请·审批书》所涉及各项内容的真实性负责，保证没有知识产权争议。同意**市教育科学规划领导小组办公室有权使用《课题申请·评审书》所有数据和资料。课题申请如获准立项，在研究工作中，接受**教育科学规划领导小组办公室及其委托部门的管理，并对以下约定信守承诺：

1. 遵守相关法律法规。遵守我国《著作权法》和《专利法》等相关法律法规。遵守我国政府签署加入的相关国际知识产权规定。遵守《**市教育科学规划课题管理办法》及其实施细则的规定。

2. 遵循学术研究的基本规范。科学设计研究方案，采用适当的研究方法，如期完成研究任务，取得预期研究成果。

3. 尊重他人的知识贡献。客观、公正、准确地介绍和评论已有学术成果。凡引用他人的观点、方案、资料、数据等，无论是否发表，无论是纸质或电子版，均加以注释。凡转引文献资料，均如实说明。

4. 恪守学术道德。研究过程真实，不以任何方式抄袭、剽窃或侵吞他人学术成果，杜绝伪注、伪造、篡改文献和数据等学术不端行为。成果真实，不重复发表研究成果；对课题主持人和参与者的各自贡献均要在成果中以明确的方式标明；不侵占他人研究成果，不在未参与研究的成果中挂名，不为未参与研究工作的人员图虚名。

5. 维护学术尊严。保持学者尊严，增强公共服务意识，维护社会公共利益。维护教育科学规划课题声誉，不以课题名义牟取不当利益。

6. 遵照管理规范。课题研究名称、课题研究组织、研究主体内容、研究成果形式与课题申请书和立项通知书相一致。若有重要变更，必须向**市教育科学规划领导小组办公室提出书面申请并征得同意。

7. 明确课题研究的资助和立项部门。研究成果发表时须在醒目位置标明"**市教育科学××规划××年度××××课题（课题批准号：××××）成果"字样，课题名称和类别应与课题立项通知书相一致。凡涉及政治、宗教、军事、民族等问题的研究成果须经**市教育科学规划领导小组办公室同意后方可公开发表。

8．标明课题研究的支持者。要以明确方式标明为课题研究做出重要贡献的非课题组个人和集体。

9．正确表达科研成果。按照《国家通用语言文字法》规定，规范使用中国语言文字、标点符号、数字及外国语言文字。

10．遵守财务规章制度。合理有效使用课题经费，不得滥用和挪用。课题结题时如实报告经费使用情况，不报假账。

二、作为课题研究者，本人完全了解教育科学规划领导小组办公室的有关管理规定，完全意识到本声明的法律后果由本人承担。**

特授权**教育科学规划领导小组办公室，有权保留并向国家有关部门或机构报送课题成果的原件、复印件、摘要和电子版;有权公布课题研究成果的全部或部分内容，同意以影印、缩印、扫描、出版等形式复制、保存、汇编课题研究成果，允许课题研究成果被他人查阅和借阅;有权推广科研成果，允许将课题研究成果通过内部报告、学术会议、专业报刊、大众媒体、专门网站、评奖等形式进行宣传、试验和培训。

申请者（签章）：＿＿＿＿＿＿＿

年　　月　　日

填 表 说 明

一、请用计算机准确如实填写各项内容。

二、本表用于纸质文档填报，电子文档一经报送，不能更改。

三、封面上方2个代码框申请人不填，其他栏目由申请人用中文填写。

四、本表所附活页（设计论证书）供初评入围用，表中不得出现申请人和课题组成员姓名、单位名称等个人资料。

五、请按"填写数据表注意事项"的要求，准确、清晰地填写数据表各栏内容；若有其他不明问题，请与**市教育科学规划领导小组办公室联系。

六、纸质文档须经课题负责人所在单位领导审核，签署明确意见，承担信誉保证并加盖公章后方可上报。

填写数据表注意事项

课题名称 应准确、简明反映研究内容，最多不超过40个汉字（包括标点符号）。

关 键 词 按研究内容设立。关键词最多不超过3个，关键词之间空一格。

学科分类 请按以下学科选项填写。限报1项。例如：5｜高等教育

1、教育基本理论与教育史。

2、教育发展战略。

3、教育经济与教育管理。

4、基础教育。

5、高等教育。

6、职业教育。

7、成人教育。

8、德育。

9、体育卫生艺术教育。

10、民族教育。

11、比较教育与教育合作交流。

12、国防军事教育。

13、教育心理。

14、教育信息技术。

课题类别 请按以下类别选项填写，限报 1 项。例如：A｜市级重点资助课题

A．市级重大招标课题。 B．市级重点资助课题

C．市级一般资助课题。 D．市级一般课题

研究类型 请选项填写，限报 1 项。例如：C｜综合研究

A．基础研究 B．应用研究 C．综合研究 D．其他研究

工作单位 按单位和部门公章全称填写。

所在区县 请选项填写，限报 1 项。例如：A｜芙蓉区

A．芙蓉区 B．天心区 C．岳麓区 D．开福区

E．雨花区 F．高新区 G．**县 H．望城区

I．浏阳市 J．宁乡县

所属系统 系指申请人单位的属性。请选项填写，限报 1 项。例如：C｜中小学校

A．市属高校 B．市中小学校（包括职业学校、幼儿园等）

C．市教育局各处室 D．市教育局直属二级机构

E．区县（市）教育行政部门 F．区县（市）教育科研部门

J．其他机构或者部门

主要参加者 必须真正参加本课题的研究工作，不含课题负责人。不包括科研管理、财务管理、后勤服务等人员。最多不得超过 15 人。

预期最终成果 系指预期取得的最终研究成果形式。研究报告属必须填写的最终成果，其他选项填写，最多限报 2 项。例如：A｜专著 C｜论文 D｜研究报告

A．专著 B．译著 C．论文 D．研究报告

E．工具书 F．电脑软件 G．其他

申请经费 以万元为单位，填写阿拉伯数字，注意小数点位置。一般课题者，不填此栏。

一、基本数据表

课题名称	略															
关键词																
课题类别			学科分类			研究类型		
主持人姓名		性别		民族		出生日期		
行政职务		专业职务		研究专长		
最后学历		最后学位		担任导师		
所在区县（市）		所属系统		
工作单位		电子信箱		
通讯地址	区县（市）　街（路）　号　邮政编码			
联系电话	（单位）　　（家）　　　（手机）			
身份证号码			

主要参加者	姓名	性别	年龄	职称	职务	研究专长	工作单位	签名

预期最终成果	
申请资助经费（单位：万元）		预计完成时间	年　月　日

二、主持人和课题组成员近三年取得与本课题有关的研究成果

成果名称	作　者	成果形式	颁奖单位或发表刊物	获奖或发表时间
略				

三、主持人和课题组成员主持或参与研究课题

主持人	课题名称	课题类别	批准时间	批准单位	完成情况
略					

四、课题设计论证

1. 问题的提出、课题界定、国内外研究现状述评、选题意义与研究价值。

2. 课题理论依据、研究目标、研究内容、创新之处。

3. 研究思路、研究方法、技术路线、实施步骤、参考文献。

（要求逐项填写，限 4000 字以内）

【一】、研究背景

基础教育科研成果推广问题，已成为当前教育科研中的难点问题。对这个问题，教育行政部门异常关注，中小学校要求迫切，科研主管部门力不从心。

省厅领导对此问题明确指出，我们的教育科研，不能只看写了多少论文，出了多少书，评了多少奖，上了多少职称，更要看它对全省教育改革与发展究竟发挥了多大作用。特别是当前基础教育高考改革、素质教育实行，职业教育产教融合等，遇到许多新情况、新问题，迫切需要有成熟、可借鉴、可操作的研究成果推广和引导。

因此，为了进一步加强基础教育科学研究成果推广，促进课题研究成果转化，我们申报《基础教育科研成果推广研究与实践》这个课题。

【二】、选题意义

研究这一问题，有着重要的现实意义：

（一）教育科研成果的推广有利于解决教育科研与事业需要脱节的问题。过去，不少课题一经结题，成果随即束之高阁，科研与教学"两张皮"，研究成果与转化、应用严重脱节，使教育科研工作意义与效能大打折扣。近年来，各地都出现了一批基础教育的优质成果。"十三五"许多课题的前景可以预测：这些研究成果的传播、推广，必将实现研以致用、广泛应用，促进基础教育的改革与发展。

（二）教育科研成果的推广有利于改善教育科研的管理。美国管理学家詹姆斯·唐纳利等人认为管理就是为了"收到个人单位活动所不能收到的效果而进行的活动"；德鲁克在其《有效的管理者》一书中强调管理的"有效性"。同样，在教育科研中，有效才有为，有为才有位。教育科研成果的推广使教育科研做到"四有"，即有效率、有效果、有效益、有效能，从而把我省教育科研管理推上新台阶。

（三）教育科研成果的推广有利于提高教育科研的水平。成果推广是教育科研全过程中的重要环节，这种推广并非行政命令驱使的整体行为，而靠学术型、交往式、选择性、自觉化的科研活动；不是照搬、克隆，而是吸收、再造。因此，需要研讨式学习、创造性应用，从而大面积普及教育科学知识，大幅度增强教育科研能力，提高教育科研的水平。

【三】、课题界定

（一）本课题研究所指"教育科研成果"主要是指基础教育优质教育科研课题成果。

（二）本课题研究所指的"成果推广"包括广义和狭义的推广。既包括传播、学习在内的成果推广活动，也包括有计划、有目的、有组织地进行的成果推广应用活动。

（三）本课题研究拟从教育科研成果推广的基本原则、优质课题成果的内涵、成果推广人员的能力要素提升、成果推广的运行机制、成果的的操作模式、成果推广的方法以及成果推广工作的评价等方面开展研究。

【四】、研究现状述评

有研究表明，世界基础教育的科研管理，在经历了以技术管理、规划管理为主的阶段后，正逐步发展以成果推广为主的新阶段。原苏联教育家苏霍姆林斯基曾任中学校长、区教育局长，既潜心于校本研究，又注重成果推广。他的《把整个心灵献给孩子们》一书再版20次，许多专著译成29种文字在全世界发行，他任职的巴甫雷什中学因此成为世界著名的实验学校之一。

国内对教育科研成果推广认识深、研究起步早的一些省市，已取得一些成功的经验。上海市第二教育学院袁采院长认为，教育科研成果的推广应用，是教育科研效益的直接体现，也是教育科研知识的普及过程，推广应用实际上是在更广阔的背景中通过再实践去完善原有成果的科学性、普适性和成熟度。上海市教科院普教所潘国青老师除总结了一般常用的如成果报告会、现场观摩会、成果展示会、经验交流研讨会、办班培训指导等多种科研成果推广形式外，还成功地总结了"课题研究式推广"、"成果课程化推广"和"主体扩展竞赛式推广"等方式和途径。由于上海市重视教育科研课题成果推广的研究，所以带动了全市基础教育的改革、创新和均衡发展，始终走在全国的前列。

但从所有的研究资料看，研究的系统性、实践性、操作性，还存在不少问题。为此，本课题拟研究解决教育科研成果推广的研究与实践问题。

【五】、研究目标

探究教育规划课题优质成果推广的途径、方法、对策，构建完善成果推广的"五步双元"操作模式，增强参研人员的成果推广能力、应用、创新能力。改善我省教育科研成果推广的管理，提高我省教育科研成果推广的水平。

【六】、研究内容

1、基础教育优质课题成果的内涵研究。包括优质成果的评选条件，评优而未推广的归因分析。

2、推广基础教育科研优质课题成果的原则研究。包括领导与群众相结合、学习与研究相结合、理论与实践相结合、继承与创新相结合的原则。

3、参与推广基础教育科研成果推广人员的能力提升研究。包括成果推广能力、自主应用能力、持续创新能力的提升。

4、推广基础教育科研成果运行机制研究。包括导向机制和激励机制、竞争机制和合作机制、反馈机制和调控机制等。

5、推广基础教育科研成果的操作模式研究。主要推广"五步双元"模式，即双面兼顾，精选课题成果；双向选择，制定推广方案；双轨并行，培训参与人员；双方互动，实施推广方案；双手齐抓，监测及反思模式。并在推广中不断完善。

6、推广基础教育科研成果的常用方法途径研究。包括纵向推广、横向推广、定向推广、多向推广的方法和途径。

7、推广基础教育科研成果工作的评价研究。包括评价的主体、内容、指标体系及其评价方法、程序。

【七】、研究方法

主要采取四种方法：

一是文献研究法。阅读教育科研课题成果推广方面的专著和论文，收集相关的文献资料，进行归因分析；

二是调查研究法。了解教育科研课题成果推广的需求、现状、对策、措施；

三是个案研究法。选择几个教育科研优质课题成果推广的案例，进行模式研究、跟踪研究；

四是行动研究法。在成果推广中研究，在研究中推广成果。

【八】、实施步骤

第一步，进一步查阅最新文献综述，检索与本课题密切相关国内外研究现状。把握当前国内教育科研成果推广问题的成功经验，为课题研究打下好的基础。同时研究基础教育优质课题成果的内涵、原则。包括领导与群众相结合、学习与研究相结合、理论与实践相结合、继承与创新相结合的原则。

第二步，进一步明确教育科研课题研究的思路，在广义推广的基础上，加强有组织、有计划、有目的的狭义推广研究。修改试行"五步双元"的操作模式推广（即：第一，双面兼顾，精选课题成果。根据教育发展的长远需要和教育改革的近期需要，由课题组精心选题，交学科同行专家精心论证，确定推广的成果。第二，双向选择，制订推广方案。由课题主持人拟出推广方案，协商（或招标）确定推广实验学校。第三，双轨并行，培训参与人员。进行普及教育科研理论和实践操作培训，提高参与人员的操作技能水平。第四，双方互助，实施推广方案。成果单位帮助推广单位认识课题的价值，掌握行动的要领，进行创新的辅导；推广单位协助课题单位收集反馈信息，验证课题结论，拓展课题成果。第五，双手齐抓，监测反思、总结评价。一手抓推广过程，一手抓推广结果，总结是非得失，评价推广的 "四效"）

第三步，总结推广教育科研课题优质成果推广中的具体策略。包括参与推广基础教育科研成果推广人员的能力提升研究。推广基础教育科研成果运行机制研究。推广基础教育科研成果的操作模式研究。推广基础教育科研成果的常用方法途径研究。

第四步，研究推广基础教育科研成果工作的评价标准。包括评价的主体、内容、指标体系及其评价方法、程序。

第五步，进行综合分析，撰写研究报告，填写结题有关表格，申请结题。

五、完成课题的可行性分析

1、已取得的相关研究成果和主要参考文献。

2、主要参加者的学术背景和研究经验、组成结构（如职务、专业、年龄等）。

3、完成课题的保障条件（如所在单位的经费、设备、资料、时间安排等条件以及单位原有的研究基础）。

【一】、**课题组成员已取得相关研究成果**。成员中有全国教育科学"十五"规划规划重点课题的主持人和参与者。他们在《中国教育报》、《中国教育学刊》、《湖南师范大学学报》、《当代教育论坛》等报刊杂志发表了《省级规划课题的全面质量管理初探》、《全面质量管理在省级教育科学规划课题管理中的应用》、《省级教育科学规划课题试行全面质量管理的思考》、《全面提高湖南教育科学规划工作水平之对策》、《对教育科研课题质量控制的探索与思考》、《校本·人本·师本·生本》、《我看校本研究》等论文。《校本·人本·师本·生本》一文被人大复印报刊资料转载。出版了《中小学校本研究》一书。

【二】、**主要参加者组成结构合理，有较强的研究能力**。参与本课题研究的人员来自成果单位（成果主持人）和推广单位（中小学实验学校的校长、教师），有省、市、县教育科研管理机构的领导和研究人员，有大学教授、中小学特级教师和高级教师、网络计算机专家，研究力量雄厚。这些成员都曾在不同层面上主持和参加过国家级、省级多类教育科研课题的研究，具有丰富的课题研究成果科研管理经验。

【三】、**所在单位完成课题的保障条件较好**。本课题得到教育科学规划领导小组和有关专家的支持，能有效地保证研究活动的协调。特别是本课题由规划课题管理单位牵头，研究内容与本职工作的任务、要求完全一致，因而有完成本课题研究任务的内在动力，研究条件和研究时间均有足够的保障。

【四】、**主要参考文献**

1. 曾天山. 关于教育科研价值的分析[J]. 教育理论与实践（太原）. 2004（12）.

2. 仲广群. 新课程背景下教研方式的创新[J]. 中小学教师培训（长春）. 2004（11）.

3. 吴国丽. 共享型教研文化基础上的教师个性化发展[J]. 上海教育科研（上海）. 2005（6）.

4. 张华、杨晓艳. 中小学教育科研的问题与对策[J]. 成都教育学院学报（成教）. 2005（9）.

5. 潘国青. 教育科研成果推广的方法、途径与策略[J]. 上海教育科研（上海）. 1999（8）

6. 易志勇等. 省级规划课题的全面质量管理初探[J]. 中国教育学刊（北京）2003（9）.

7. 黄宜锋等. 省级教育科学规划课题试行全面质量管理的思考[J]. 当代教育论坛（长沙）. 2003（10）.

六、预期研究成果

主要阶段性成果（限报 6 项）				
序号	研究阶段（起止时间）	阶段成果名称	成果形式	负责人
	省略	推广基础教育科研优质课题成果总体思考	论文	省略
	省略	如何提高参与教育科研成果推广人员的能力	论文	省略
	省略	推广基础教育科研成果运行机制研究	论文	省略
	省略	基础教育成果推广"五步双元"操作模式探讨	论文	省略
	省略	基础教育科研成果推广报告会	推广活动	省略
	省略	推广基础教育科研优质课题成果总体思考	论文	省略

最终研究成果（限报 3 项，其中必含研究报告）

序号	完成时间	最终成果名称	成果形式	负责人
	省略	基础教育科研成果推广的研究与实践	研究报告	省略
	省略	教育科研成果推广的研究	系列论文	省略
	省略	基础教育科研成果推广评价	评价标准	省略

七、经费

由单位承诺严格监督课题经费合理有效的使用，督促课题主持人严格按《**市教育科学规划课题经费暂行管理办法》经费开支，遵守财务制度。承诺保证课题经费单独立户、专款专用、不挤占和挪用课题经费。承诺配套经费的具体数额和渠道，保证配套经费的落实。

	单位负责人签章： 单位公章：
经费管理单位名称、通讯地址、邮政编码、开户银行、帐号	

八、课题负责人所在单位意见

申请书所填写的内容是否属实；该课题负责人和参加者的政治业务素质是否适合承担本课题的研究工作；本单位能否提供完成本课题所需的时间和条件；本单位是否同意承担本课题的管理任务和信誉保证。

单位教科室公章 　　　　　　　　　　单位公章

　　　年　月　日 　　　　　　　　单位负责人签名：

　　　　　　　　　　　　　　　　　　年　月　日

九、区县（市）教研室意见

对课题负责人所在单位意见的审核意见；是否同意报教育科学规划办公室；其他意见。

（高校、市直单位可以不填）

公　　章：

负责人签字：

年　月　日

十、学科评审组评审意见

主审专家意见	主审专家签字: 年 月 日		
评审组人数		实到人数		表决结果	
赞成票		反对票		弃权票	

评审组建议立项意见	评审组长签字: 年 月 日

评审未通过原因	1. 活页评审未通过; 2. 投票表决未通过,主要问题(可多项选择,在选择处画沟); (1)选题问题;　　　　　(2)课题设计问题; (3)研究内容问题;　　　　(4)研究方法问题; (5)课题组织问题;　　　　(6)经费资助问题; (7)研究成果问题;　　　　(8)其他问题 主审专家签字:　　　　　　　　评审组长签字: 　　　　年 月 日　　　　　　　年 月 日

十一、教育科学规划领导小组审批意见

<table>
<tr><td>

公　　章

负责人签名：

年　月　日

</td></tr>
</table>

十二、教育科学规划领导小组办公室批准经费意见

批准资助类别			批准金额		万元	拨款次数	
年度拨款计划 （万元）	年		年		年	年	年

<table>
<tr><td colspan="8">

公　　章

负责人签字：

年　月　日

</td></tr>
</table>

年度	
编号	

《课题设计论证》活页

（填表说明：本表供匿名评审使用。填写时，不得出现课题主持人和课题组成员的姓名、单位名称等信息，统一用×××、××××××代替。否则，一律不得进入评审程序。）

课题名称：**基础教育科研成果推广研究与实践**

1、问题的提出、课题界定、国内外研究现状述评、选题意义与研究价值。 2、课题理论依据、研究目标、研究内容、创新之处。 3、研究思路、研究方法、技术路线、实施步骤、参考文献。 （要求逐项填写，限 4000 字以内）
略
1、已取得的相关研究成果和主要参考文献。 2、主要参加者的学术背景和研究经验、组成结构（如职务、专业、年龄等）。 3、完成课题的保障条件（如所在单位的经费、设备、资料、时间安排等条件以及单位原有的研究基础）。
略

教育科学规划课题

开 题 报 告

学科分类：

课题资助类别：

课题名称：**中小学教师小课题研究的问题及对策研究**

课题主持人及联系电话：

主持人所在单位：

教育科学规划领导小组办公室

开 题 报 告
课题名称：中小学教师小课题研究的问题及对策研究

研究方案：

【一】背景意义

1. 小课题研究有利于学校科研管理的提质

近年来，各中小学将教育科研放在了优先发展的地位。教科研部门也大力倡导微型课题，即小课题研究，由单位教科研负责立项、研究、评审等管理工作，要求教师"针对自己在教育教学实践中遇到的问题或困惑，人人要有小课题"，引导中小学教师结合平时教学，把课堂问题提升为研究课题，在自己的"一亩三分地"上深耕不懈，在实践研究中收获教科研的甜蜜，促进自身专业素养的提升。

2. 小课题研究有利于中小学教师专业成长

课程改革深入推进的过程中，一些新的、深层次的问题将逐渐呈现出来，这就需要切实加快中小学教师专业发展。如何实现教师的专业发展，也许没有固定的模式，许多优秀教师的成长经历表明：如能经常对自己的教育行为加以反思、研究和改进，就能更快地提高教师素质，提升解决问题的能力。而小课题研究这种"草根化"的教科研形式，能很好地促进教师的专业成长。

3. 小课题研究有利于推动教育教学的改革

长期以来，很多中小学的研究课题来自于上级教育部门的规划，这些课题过于宏观，理论性太强，与一线教师的教育教学有很大差距，不能解决教师教育教学实践过程中遇到的困惑。因此，使教育科研重心下移，找到一种新的科研途径来切实帮助教师改进教育教学实践，已成为新时期教育科研的必然选择和发展方向。小课题研究正是教育改革和学校变革的重要手段，非常值得探索和关注的课题。

4. 小课题研究有利于校本教研的落实

教师小课题研究是一种新型教研形式，它是新课程理念激发出的产物，也是教师的一种基本能力。它以小型课题研究为载体，在一个阶段，围绕一个专题，以多种形式、分层次、分阶段推进的小课题研究。它是一线教师以新课程标准为参考，立足课堂，从日常教学困惑中提炼出来的急需要解决的较为复杂的问题，然后认真审视、反复分析，进行一系列的研究活动。这样的研究过程正是国外多年来一直倡导的"行动研究"，研究的对象和内容就是行动本身。这样的研究对教师来说，是最有条件的，因为他们的问题来源于教育教学，又是在教育教学中开展研究，研究目的又是为了进一步改善教育教学，这种研究非常有意义。

【二】、课题界定

小课题：指教师在教育教学过程中将发生的具体问题和微观层面问题作为研究对象，以"问题解决"为研究目标的课题。小课题源于课堂，源于学生，源于学校的一切教育教学实践活动。

教师小课题研究：也叫教师微型课题研究，是以教师在自己的教育教学中遇到的问题为课题，运用教育科研方法，由教师个人或几个人合作，在不长的时间内共同研究，取得结果，并将其研究结果直接应用于教师的教学实践中去。

中小学教师小课题研究的问题及对策研究：本课题拟以 XXX 市为个案，从现状问题入手，研究小课题的管理、质量、评价，以提高课题研究、管理水平。

【三】、研究现状述评

1. 国外关于"小课题"研究的研究

国外关于"小课题研究"的研究比我们起步早、进程快，以有关"教师行动研究"的研究为主要内容。

20 世纪 90 年代，人们越来越深刻认识到：教育的具体情境性、临场性和丰富性不能通过实证研究表现出来，教育理论和实践脱节，缺少当事人参与等，已经成为教育发展的鸿沟，窒息了教育理论发展，教师行动研究作为一种研究活动，研究与实践、研究者与实践者在此融合。教师行动研究是以解决问题为中心的一种研究方式，起点是对自身实践的不满意和反思，对象是现实中出现的具体真实问题，目的是为了解决实际问题，过程是为了改善现实的实践，结果是切实改变了现状。

可见，教师行动研究所涵盖的众多课题就是我们所说的小课题。目前介绍引进的有英国 James McKiernan 的《课程行动研究》、美国 Joanne M. Arther 等人著的《教师行动研究》等著作。

2. 我国关于"小课题"研究的研究现状

小课题研究

罗炜主编的《校本教研教师行动研究案例》（首都师范大学出版社 2005 年版）在第三部分提到"小课题研究"。

2005 年 8 月 16 日,《中国教育报》刊登了江苏省海安县白甸镇中心小学王存宝题为《微型课题,教育研究"快乐便桥"》一文,作者结合自身的教育教学实践和教育研究经历,介绍了一种适合一线教师从事的研究方式——微型课题研究。文章发表之后,引起了多方关注,并在网上展开了讨论。

对"小课题"研究的集体研讨,从记录来看,值得一提的是:2006 年 5 月 24 日,南通市教育科学微型课题研讨会在海安县召开,有 200 多名专家学者观摩海安的微型课题。另一个是在 2006 年暑期连云港教科所的专家到各县区的中小学开展的"小课题"研究的专题讲座。

【四】、研究目标

拟通过本课题研究,了解中小学教师小课题研究的现状、问题,针对问题,制定中小学教师小课题研究的管理办法和评价指标,找到中小学教师小课题研究的对策,为提高中小学教师小课题研究的质量和管理水平提出决策参考建议。

【五】、研究内容

1. 中小学教师小课题研究的现状调查分析

本研究首先对 XX 中小学教师小课题研究的现状做出调查分析,找出目前教师小课题研究取得的成绩以及存在的问题,并找出问题背后深层次的原因,对小课题研究的深入开展提出一些建议和对策。

2. 中小学教师小课题研究管理的研究

中小学教师小课题研究管理的研究即对教育科研课题的产生形成、实施开展、成果推广等环节进行引导、协调组织的系列活动进行研究,包括对小课题研究成果技术质量的监控,还包括对影响小课题实效的相关因素的调控与改善,如研究者素质的改善、能力的提高、课题实施硬件条件的保障、研究制度的制定、评价机制的建立完善等。

3. 中小学教师提高小课题研究质量的研究

本研究将从教师小课题研究的选题、研究设计、研究措施、结果分析和研究结论五个方面,具体对小课题研究过程的七个活动环节,即"选择课题→设计方案→开题论证→搜集资料→处理资料→撰写报告→炼制论文"进行研究。

4. 中小学教师小课题研究评价指标的研究

本研究将从课题研究成果质量以及课题研究实施的规范等内容设计一、二级指标,安排合理的权重和评价要求,并提出评价的办法和措施。

【六】、研究方法

1. 文献研究法主要指搜集、鉴别、整理文献,并通过对文献的研究,形成对事实科学认识的方法。在广泛收集文献资料的基础上，对其进行综合分析，较为全面地掌握国内外小课题研究发展动态。

2. 问卷调查法本研究通过设计《中小学教师小课题研究现状调查问卷》，对本地做小课题研究的教师进行调查分析，了解他们在小课题研究方面的现状，总结成功之处、查找存在问题，分析原因并尝试找出解决问题的办法。

3. 行动研究法针对问卷调查所发现的一些问题，并结合对近年来微型题研究等工作的理性反思，提出提高小课题研究质量的策略，并在实践中对其进行改进完善，进一步提高这些策略的科学性。

4. 案例分析法本课题以中学教师课题研究为例，收集大量案例资料，通过分析课题研究中的问题并帮其纠正，探讨教师如何做小课题研究才能解决教育教学中的实际问题，促进教师的专业成长，从而为广大一线教师做小课题研究提供具有可推广性的经验和建议，以利于教师专业成长。

【七】、研究步骤

申报准备阶段

选择研究课题，查阅文献，总结已有的研究成果。确定研究课题，整理研究思路，撰写申请报告。

研究准备阶段

分解子课题研究任务，形成研究网络。制定课题研究方案，根据计划，认真、扎实的开展课题研究。

实施阶段

课题组定期进行课题研讨活动，组织课题组成员学习相关理论，针对课题研究中存在的问题，及时寻找解决问题的方法，总结经验成果。

（1）开展教师小课题研究情况调查，根据现象分析中小学教师小课题研究课题研究的现状。

（2）结合本地中小学教师在课题研究各阶段的表现,通过系列案例梳理中小学教师小课题研究在方案设计、研究过程、成果总结、成果应用四个环节中存在的问题。

（3）从小课题研究管理的角度如研究者的素质、能力，课题实施硬件条件，研究制度，评价机制等寻找中小学教师小课题研究存在问题的深层次原因。

（4）结合区域特点及实践问题成因分析,提出中小学教师课题研究中问题的解决策略。

（5）运用这些策略指导教师进行小课题研究，在实践中对策略进行改进完善，进一步提高这些策略的科学性。

（6）针对不同阶段的工作制定相应的管理制度，并在实践中不断完善管理制度。

总结阶段

本课题定于年月结题、鉴定，撰写课题研究报告，总结课题研究成果，报请专家组鉴定。

【八】、可行性分析

1、主要参加者的学术背景和研究经验、组成结构本课题组成员工5人，结构优化：中高职称7人，中一职称5人，初级职称3人。其中长期从事教育教学管理干部6人，长期从事教育教学的教研员8人，信息技术专业培训师1名，资深教育管理写作师1名。是一支老中青三结合、实战经验丰富、研究实力强的合作团队。

2、完成课题的保障条件

（1）经费：为了本课题研究的需要，单位准备投入研究资金2万元，保证研究、学习、收集资料、开展活动的需要，在财力方面使课题研究的经费有保障，力争使课题研究能够达到一流水平。

（2）设备：本课题组所有研究人员均有一定信息技术能力，配备教育科研网络管理技术员一名。

（3）资料：本单位为课题组研究人员购买所需要的小课题研究管理与指导图书。

（4）时间：为使本课题研究管理与指导真正落到实处，取得实效，将建立课题运作管理制度，保证总课题组活动每月不少于一次。

（5）研究基础：本单位研究人员多年来多次承担国家、省、州教育科研部门的研究任务，均取得一二等奖的研究成果，形成踏实认真的科研风尚，完全有能力高质量完成本课题的研究任务。

主要参考文献

[1]汪国祥. 小课题研究中的问题和策略[J]. 教学与管理，2011（09）

[2]陈贇. 小课题研究的探析[J]. 教育科学论坛，2007. 3

[3]程斯辉. 关于教育科研管理若干问题的思考［J］. 教育理论与实践，2004（13）

[4]余柏民. 国外中小学教育科研管理方式及其启示[J]. 天水师范学院学报，2004（2）

[5]夏玉成，卢远民，刘明明. 研究自我自主成长——教师小课题研究的基本特征与管理[J]. 上海教育科研，2010（7）

[6]徐洁. 《谈"草根式"小课题研究的量化管理》[J]. 《中小学教师培训》，2008. 9

[7]张虎奎. 《开展小课题研究，促进教师专业发展》[J]. 《甘肃教育》，2008. 8（B）

[8]徐洁. 《如何开展"草根式"小课题研究[J]》. 《基础教育》，2008. 1.

[9]李永霞. 《课题研究中常见的问题及对策》[J]. 《黑龙江教育学院学报》，. 2008. 2

[10]徐洁. 《谈"草根式"小课题研究的量化管理》[J]. 《中小学教师培训》，2008. 9

[11]王存宝. 《微型课题，教育研究的"快乐便桥"》[N]. 《中国教育报》，2005 年 8 月 16 日

开题论证意见：略

教育科学规划课题——中期评估表

课题名称	
主持单位	
研究成员	
预期成果	
课题开展情况	
阶段性成果	
下阶段研究计划	
其他需要说明的情况	
主管部门或单位备案	

教育科学规划课题——结题鉴定表

课题名称				
承担单位				
立项时间		研究时间	年　月至　年　月	
课题组综合专家组鉴定意见，结合课题特色形成自我鉴定意见				
审核意见				
结题鉴定专家	姓　名	职务/职称	工作单位	签　名

怎样做好课题总结与撰写研究报告

一、课题总结的重要性

课题总结是课题管理三个阶段之最后一个阶段，是对课题研究工作的全面回顾与总结的过程。它通过对课题研究成果收集整理，归纳提炼，进一步深化研究形成的最终成果。是对研究成果的第二次开发的过程，通过对散见于各个研究阶段的阶段性成果去伪存真、去粗取精，进一步丰富研究内容、润色加工成果表达形式、凝聚创新形成特色。

二、教育科研成果表述类型

分为三种：

1．用事实来说明问题的事实型。教育实验报告、教育观察报告、教育经验总结报告、教育调查报告等，我们称之为教育科研报告类论文。

2．用深刻的哲理和严谨的逻辑论证来说明问题的哲理型。包括学术论文、学术专著、学位论文等，我们称之为教育科研学术类论文。

3．两者兼有的综合性特殊论文，如教育评论、教育述评等。

第一种成果的表述，要求材料具体、数据真实可信、格式规范，科学客观地呈现研究过程和方法，合理地解释研究结果。

第二种成果的表述，要求论点明确，论据确凿，论证严密，清楚展示理论观点和体系形成的过程。

第三类成果有所侧重的教育科研论文。

三、撰写研究报告的意义

1．撰写研究报告有利于提高教学质量。撰写研究报告的过程是一个不断探索、不断总结的过程。有价值的研究报告不是从"写"开始的，而是从"做"开始，用"写"来指导"做"，用"做"来充实"写"。"做"的过程既是探索的过程，又是积累写作材料的过程，从而达到提高教育教学质量的目的。

2．撰写研究报告有利于提高教师自身的素质。促进教师去读书钻研，去思考研究问题，去广泛地查阅各种资料，吸取信息。开阔视野使教师从"封闭"走向"开放"。

3．撰写研究报告是总结发表科研成果的基本手段，是鉴定科研成果的重要依据。

4．撰写研究报告是为了更好地交流推广教育科研成果。教育科研成果要用文本的物化形式来呈现和反映。研究过程中的实际材料、数据和结果要通过研究报告来分析和说明，学术交流也要通过研究报告来实现。因此，必须高度重视研究报告的撰写。

四、研究报告的特点

1．学术性。学术即学问。学术性就是将专门的知识积累起来使它系统化，通过研究探讨，提出新观点，得出新结论，陈述新见解、新主张，总结新经验。学术性是教育科研论文与研究报告的根本所在。

2．科学性。研究报告在立论上要求作者不得主观臆断，不带个人好恶，必须从客观实际出发，从中引出合乎实际的结论。研究的方法科学适当，研究结论真实可信。

3．创新性。理论上要有新发展，方法上要有新突破。观点要求深与新：深，就是要追本溯源，穷根到底；新，包括新的见解、新的角度、新的方法、新的发现。

4．专业性。是指针对教育科学领域里某些专业性的问题进行研究，而不是一般性问题的探讨。这些问题包括教育科学所有学科的专业问题。如教育体制、教育发展战略、德育、教育评价与测量、教育经费、教材建设、学科教学等。要用专业述语、专业名词、专业的事例去说明专业的问题。

5．实践性。教育科研成果要以对教育决策和教育实践起指导和推动作用，具有现实意义和可行性。

五、撰写研究报告和论文的一般步骤

1．确定题目及类型。

2．拟定写作提纲。

3．研究报告和论文的写作。

4．对文稿的内容、结构、文字进行推敲修改。

六、怎样撰写学术论文与研究报告

（一）学术论文

1．理论探讨性、论证性论文。对教育改革与发展中重要问题，运用有关原理或大量的观察实验结果为依据，或以丰富的文献资料为基础，通过分析现象与本质，推理论证得出新理论、新观点，论述自己的研究成果，证明自己的研究结论。如《论教师美》。

2．综合论述性论文。针对现实中或学术界提出的问题或围绕某一主题进行研究的课题，历史的现实的加以系统和综合的概括，分析已有的研究成果，提出新研究问题，开辟新的研究领域。如《农村留守儿童问题研究综述》。

3．预测性论文。研究者通过调查研究，根据科学和事实对某一教育现象进行分析，指出发展的趋势以及预测今后发展的可能。如《终身教育：打开二十一纪光明之门的钥匙——二十一世纪成人教育展望与思考》。

学术论文逻辑顺序：绪论－本论－结论。

学术论文基本结构：六个主要部分。

1．标题。标题是论文内容的高度概括。一般符合三个方面的要求：一是准确概括论文内容，反映研究方向；二是文字简炼，具有新颖性；三是便于学科分类。

2．内容摘要。正式发表的论文，一般应写出论文的摘要（提要）。摘要是研究的主要内容与结构简要介绍，并略加评论。字数一般为三百字左右。

3．序言（引言、前言、绪论）。写在正文之前，用于说明写作的目的、意图及研究方法。具体内容一般包括三个方面：一是研究背景和动机，提出自己所要研究的问题。二是简介研究的方法和朋关研究手段。三是概述研究成果的理论意义和现实意义。要求开宗明义，条理清楚，据理分析，切忌空泛、含糊其词或言过其实。

4．正文（本论）。正文是学术论文的主体部分，包括论点、论据、论证，是作者研究成果的表现，是整个论文的主要部分。要求注重事实材料的可靠性和理论运用的逻辑性，论据要充分论证，要遵循一定的逻辑思维的要求，主次要分明，层次要清晰，语言表达要流畅严谨。

5．结论与讨论。结论是围绕正文（本论）所作的结语，将研究成果进行更高层次的精确概括。对于教育科学来说，结论是论题被充分证明后得出的结果。作者的措辞要严谨，逻辑要严密。讨论往往用于自然科学的学术论文。

6．引文注释与参考文献。科学研究总是在前人研究的基础上进行的，论文中对引用他人的成果要注明出处来源。一是有助于他人了解有关本课题研究的历史和已有的成就，作为进一步研究的依据。二是对他人劳动的尊重，体现作者治学严谨。三是为别人提供查证的线索，避免由于马虎，转引他人研究观点而产生误解或不同的理解。引文注释分页未注（脚注）、文末注（段落注或篇后注）、文内注（行内夹注）以及书后注。

（二）研究报告

研究报告是课题完成后最终的研究成果之一。它既与学术论文有相同之处，但又不完全一样。一份规范的课题研究报告基本框架是四大部分：

第一部分：为什么要研究这个问题。包括问题的提出与起源，研究的价值与意义等。

第二部分：怎样研究本问题的。即研究的过程。包括课题核心概念内涵与外延的界定、研究对象、研究范围、研究假设、理论依据、研究目标与研究内容、研究方法等。

第三部分：研究所取得的主要成果。包括研究所形成的理论成果，主要学术观点，新的见解、新的认识、新的发展，得出哪些新的研究结论，形成了哪些文本物化的成果，这些成果对学科的发展作出哪些积极的贡献，产生了哪些重要的学术影响。实践的成果：解决了哪些实际问题，推动了哪些教育工作改革与发展的实践，社会的评价与反响如何，在哪些范围内加以推广与应用等。

第四部分：研究结论与需要进一步深入研究的问题。包括最终的研究结果以及对本课题研究结果的自我评价，尚待进一步研究的问题有哪些等。

七、研究报告的基本格式

前置部分：标题——摘要——关键词

主体部分：引言——正文——参考文献

附录部分：有关成果的佐证材料，如政府教育行政部门采纳意见，获奖证书，媒体的报道等。

八、研究报告基本要素

一个高水平、高质量的研究报告应具备以下基本要素：

1. 理论构建完备；

2. 实践的指导作用明显；

3. 鲜明的创新性

4. 切合实际，针对性强；

5. 研究方法科学规范；

6. 研究结果的解释合理；

7. 结构严谨，完整论证，深刻有力；

8. 文字精炼、语言简洁流畅，具有可读性。

教学指导

加强教学视导工作的几点意见

开展中小学教学视导工作是促进学校强化教学管理，提高教学质量，推动内涵发展的需要。进一步加强和改进教学视导工作，就是要以优化学校教学管理为目标，以加强学校教学过程管理为重点，关注全体学生，关注教育全程，促进学生全面发展。结合中小学教育教学实际，特提出如下几点意见：

一、进一步明确教学视导工作的主要内容

1. 通过教学视导，检查和指导学校健全教学管理各项规章制度，严格按照课程方案，落实课程标准与教学计划，积极探索地方课程和校本课程的开设，建立良好的教学秩序，以促进教学工作的科学有序开展，开齐、开足课程。

2. 通过教学视导，检查和指导学校根据基础教育课程改革的要求，引领广大教师努力转变教育教学观念，优化教学过程，注重面向全体学生，注重学生的个性发展和能力培养，提高课堂教学效率。

3. 通过教学视导，检查和指导学校落实校本教研制度，完善教科研管理，进一步推动学校有目的、有计划地开展校本教研活动，积极组织教师开展课题研究，促进教师专业发展，打造研究型教学团队。

4. 通过教学视导，检查和指导学校加强和改进教学评价，严格控制考试次数，关注学生的学习状态，特别是要关注学生的学习兴趣、课业负担、课外兴趣爱好、健身娱乐、艺术教育以及实践活动的时间保证、成长记录、创新品质等。

5. 通过教学视导，检查和指导学校内涵发展方面所进行的工作，推动学校特色办学，努力营造校园文化氛围。

二、进一步创新教学视导工作的方式方法

6. 全面视导与专项视导相结合。全面视导要做好统筹安排，与学校中心工作保持协

调。专项视导要突出工作重点，关注课程改革中的重点难点问题，充分体现服务基层、服务教师、服务教学的意识。

7．教学视导与实证研究相结合。教学视导中要努力掌握第一手资料，善于发现和研究解决问题。

8．教学视导与总结经验相结合。教学视导应加强专业指导意识，以视导促进教学研究水平的提高，以视导促进学校办学水平的提升，以视导促进教师教学能力的提速。

三、进一步加强教学视导工作的组织领导

9．各级教育行政部门应高度重视教学视导工作，通过视导工作，进一步规范学校的教学管理制度，更加扎实有效提升学校教学管理的科学化水平。

10．各级教育行政部门要充分发挥教研部门在视导工作中的主体作用，加强对视导人员的培训，并为活动开展提供必要的经费支持，强化"视"的准确性，"导"的科学性。

11．及时总结推动典型经验，对在教学视导过程中发现的好经验、好做法，应经常性、分区域、分层次进行交流。

12．加大宣传力度，以适当的方式公开视导的结果，增进社会各界对教育教学的关注与了解，为努力办好人民满意的教育营造良好的社会氛围。

教学调研报告示例

9月16日至17日，市教育局组织基教科、教研室等科室人员9人，对**中学高三教学工作进行调研。除了听取教学情况汇报外，还听课49节。

调研组认为，**中学对本届高三教学与复习抓得早，抓得紧，抓得实，效果好。上届高考一结束，学校领导就对高三教学工作作了科学合理的整体部署：一是建立新一届高三教学工作领导小组，校长任组长，副校长具体负责；二是调整充实新一届高三任课教师；三是对学生组合进行了微调，使班型更合理，更有利于教学；四是在分析上届高考的基础上，及时制定本届高三教学工作计划；五是多次召开教师、学生、家长座谈会，明确工作要求，高三教学已进入备战高考的状态；六是高三年级提前上课，多出一定的教学时间。

本届高三教学工作，全校上下统一思想认识。一是多次召开校行政及高三教学工作领导小组会议，总结上届高三教学的得失，科学严密地部署本届高三教学工作；二是多次召开高三任课教师会议，明确职责，落实措施，教师精神状态佳，信心足，工作实；三是开好学生会和家长会，把高三教学目标、措施及早向学生和家长宣传，使学生和家长明确学校的要求，学生和家长对学校的各项措施满意度和支持率高；四是"拔优"工作落实到位，得高分、出尖子的目标有望实现。

集体备课工作较好。备课组工作协调规范有序，能统一教学进度和教学要求、统一资料、统一作业，部分备课组还统一教案，课堂教学基本上凸现高考要求，大部分教师的教学内容有较强的针对性，注重讲练结合，注重调动学生参与教学的积极性，精心挑选作业与练习，辅导工作开始进行。再是已开展第一轮教学调研，从一把手校长到中层干部，已对高三所有任课教师的课堂教学作了调研并交换了意见。拔优工作已落实到位，效果好。9月份高三摸底测试情况良好，高分段和本一、本二达线人数均接近一类中学。高三学生在全国化学、物理竞赛中喜获一等奖。

几点建议：

一要进一步细化高考工作目标与激励方案；二要花大力气提高课堂教学效率，加强备课组的合作研究，精选复习资料，练习与作业要分层次，教学内容要精心设计，增强针对性，教师要多了解学生的需求，加强学习方法的指导，并重视理化生实验；三要加强管理，加强对教师"教学常规"工作的检查，加强与同类学校的交流，高二年级教师要参与高三年级的教研活动；四要加强辅导，进行分层次教学，拔优补差工作到位。

命词释义：高三教学视导

是为加强对高三的教学指导，探讨高三教学策略，教研员特意针对高三教学进行专题调研。调研围绕听课评课、查阅资料、个别座谈、问卷调查、反馈交流等环节展开，从教学计划制定与执行、集体备课与教案学案使用、作业布置与批改、资料整合与使用、测试命题与反馈等方面对高三教学进行全面视导，同时对高三管理、学生学习状态等方面予以了解与把握。

课堂教学评选活动要求

课堂教学评选活动，是检验教师课堂教学水平，交流课堂教学经验，促进新的课改理念实施的重要平台。课堂教学评优活动的类型通常有：学科带头人评选、教学能手评选、教学基本功大赛等。通过这些评选激励一线教师更加积极投入课堂教学改革实践，从整体上推动课堂教学水平的不断提高。

一、赛制

1．学科带头人和教学能手评选每三年进行一次。

2．教学基本功评选每两年进行一次。

3．参赛名额一般根据各相关学科教师人数以及学科构成情况按比例确定，参赛选手应经过校级、县区级选拔产生。

4．市级教学比赛的通知一般在比赛前一个月内下发，课题和比赛地点在比赛前选定并通知选手。

5．比赛淘汰率一般在20%左右。

6．教研室建立评委"人才库"，每届市级教学比赛的评委（除各科教研员外），均在比赛前24小时内随机抽取确定。

二、评赛规程

1．各学科评委主任（一般由教研员担任）在比赛前应召开评委会，研讨评分标准、明确比赛规程、学习《评判人员守则》。

2．评委要认真听课，要做好全面翔实的记录，严格按评分标准独立打分、排序。

3．比赛成绩原则上现场公布。赛程结束，评委主任召集评委会议，根据参赛人综合表现，独立打出档次分，然后取平均分并排出名次。在听评过程中，涉及本校参赛者，有关评委必须回避。

4．评委主任负责公布各参赛人员的成绩，赛程结束后根据获奖比例确定获奖名单。

5．比赛后一周内各评委主任应将比赛原始材料、结果和比赛评析报告交市教科院审批，审核无误后，验证、发文，公布比赛结果。获奖证书经备案后，发放到各相关学校和市直学校办公室，学校领取时要签收，签收材料要存档。

三、评优结果的使用

根据评选结果，确定参加上级单位参赛人选。参加上级单位参赛人员，从获得市级优秀奖人员中择优推荐。

四、评判人员守则

1. 各评委成员要有高度的原则性、强烈的责任感，服从评委主任安排，认真按评赛规程履行义务。

2. 打分、定序和排档务必公平、公正、合理。

3. 严格遵守"四不"规定，即不说情、不串通、不打人情分、不外传甚至误传评课信息。

4. 对违纪并造成恶劣影响者，一经查实，将取消其评委资格，并追究相关责任。

五、对参赛人员的要求

1. 参赛人员应正确认识参加优质课评选活动的目的、意义，以积极的态度和良好的心态对待比赛。

2. 参赛人员不准以任何形式和渠道要求评委从人情关系方面给予照顾，一经发现、查实，取消参赛资格。获奖者也要追回获奖证书。

3. 参赛人员在比赛前可到有关学校班级了解情况，但不准试讲。

4. 参赛人员若对比赛结果有异议，应在比赛结束后三日内向评委主任提出复议申请，在一周内给予答复。

5. 参赛人员在比赛期间应自觉遵守比赛规程，不得寻找借口提前或拖延比赛，更不能无理取闹，否则将视其情节轻重，降低或取消其比赛获奖等次。

教研公开课管理要求

一、目的和意义

公开课是树立课堂教学典范，推广课堂教学经验，推动课堂实验成果转化，促进课堂教学整体水平提高的重要渠道。根据教学的实际情况，适时组织公开课教学观摩活动，在提供参考、锤炼模式的同时，发现问题，探索思路，不断将课堂教学研究推向深入，努力促进课堂教学整体水平提高。

二、机制和范围

公开课观摩教学，主要依托于分学段分学科教学研讨活动，每年一般组织 6 次。根据需要，可集中举行较大规模和较大范围的公开课教学观摩研讨活动。

三、执教人员

公开课的执教人员要从当年各学校教学成绩优秀的人员中确定。授课人必须专业素质高，课堂教学实施水平高，课堂教学目标达成率高。而且能够充分体现新课改的精神和理念。

四、管理和使用

1. 各学科教研员要重视执教公开课人员的选拔和指导，务必保证每一节公开课必须是经得起推敲的精品课。

2. 对于执教公开课的教师，教研管理部门将颁发相关证书予以确认并行文公布。其使用参照优质课评选一等奖对待。

教师听课评课表

授课人		班级		学校			
学科		时间		课题			
项目	评分标准细则					分值	得分
教学目标 10分	1、目标明确。					4	
	2、符合课程标准及要求，全面落实三维目标。					3	
	3、符合学生学习的实际水平。					3	
教学内容 20分	1、教学内容准确，教学容量适度。					4	
	2、层次清楚，安排合理，注意新旧知识的联系。					4	
	3、教材处理得当，注意学与练的统一。					6	
	4、善于挖掘教材，寓情感、态度和价值观于知识教学和能力培养之中。					6	
教学过程 30分	1、新课导入自然合理，善于激发兴趣，调动学生参与。					4	
	2、教学过程完整，环节清晰，突破重点、突破难点，学练恰当。					6	
	3、教法得当，灵活，注重探究式教学。					4	
	4、发挥教师的主导作用，面向全体，师生互动，关注学生差异。					6	
	5、坚持启发式教学，注重培养学生的学习方法、思维方法，提高学生发现问题，分析问题和解决问题的能力。					6	
	6、教具和电化教学手段使用合理。					4	
学生活动 15分	1、学习兴趣盎然，思维活跃，积极投入，讨论热烈。					4	
	2、训练面广，人人动手动脑，整体参与，自主合作探究，教学秩序良好。					6	
	3、知识、技能、思想、情感和个性等全面发展。					5	
教学技能 15分	1、知识面广，教态亲切，有驾驭课堂的应变调控能力。					6	
	2、语言准确、简练、生动，逻辑缜密且通俗易懂，体现学科特色。					5	
	3、板书设计合理，工整美观，演示操作规范、熟练，有效到位。					4	
教学效果 10分	1、教学具有吸引力，能激发学生对本科知识学习的兴趣，学生思维集中，学习积极性高。					5	
	2、学生对教师讲授的重点内容印象深刻，能理解或掌握大部分课堂教学内容。					5	
总分							

课堂教学评价表

姓名			班级		学科		课题			
项目				因素		优秀	良好	一般	待提高
教学常规 60	改革创新 30	教学特色 10	总评分 100	情意过程	教学环境				
					学习兴趣				
					自信心				
				时间过程	学习方式				
综合评定等级：					思维方式				
					解决问题与应用意识				
优秀（ ）				因材施教	尊重个性差异				
良好（ ）					面向全体与个体的度				
合格（ ）									
不合格（ ）					教学方法与手段				

评语（教学建议）：

评价人姓名：　　　　　时间：　　　年　　月　　日

备案

微课评审参考标准

一级	二级	指标说明
选题 设计 （20分）	选题简明 （10分）	主要针对知识点、例题/习题、实验活动等环节进行讲授、演算、分析、推理、答疑等教学选题。尽量"小（微）而精"，建议围绕某个具体的点，而不是抽象、宽泛的面。
	设计合理 （10分）	应围绕教学或学习中的常见、典型、有代表的问题或内容进行针对性设计，要能够有效解决教与学过程中的重点、难点、疑点等问题。
教学 内容 （30分）	科学正确 （15分）	教学内容严谨，无任何科学性、知识性错误。
	结构合理 （15分）	教学内容的组织与编排，符合学生的认知逻辑规律，教学过程主线清晰、重点突出、难点突破，明了易懂。
教学 效果 （30分）	目标达成 （10分）	完成设定的教学目标，有效解决实际教学问题，促进学生思维的提升、能力的提高。
	形式创新 （10分）	构思新颖，教学方法富有创意，不拘泥于传统的教学模式。
	趣味性强 （10分）	教学过程深入浅出，语言形象生动，精彩有趣，启发引导性强，有利于提高学生学习的积极性和主动性。
作品技术 规范 （20分）	结构完整 （5分）	参赛微课必须包含微课视频、学习任务单、进阶练习及微课件、微设计等辅助资源。
	技术规范 （10分）	微课视频画质清晰、图像稳定、声音清楚（无杂音）、声音与画面同步，分辨率、码率等达到最低要求。
	制作方法 （5分）	根据教学要求灵活运用各种录制手段，作品整体效果好。

信息化课堂教学比赛评分表

任课教师：_____ 课程名称：_____ 听课班级：_____

听课地点：_____ 时间：___年__月__日 第___节

项 目	评价内容	评 分
教学设计 （25分）	1 目标陈述明确，符合学习主题，针对不同的学习者 2 构思新颖，多种信息技术与教学策略有机结合，有利于培养学生思维能力 3 和学习能力	
课堂实施 （50分）	1 课程引入有趣，充分调动学生的求知欲，目标明确 2 面向全体学生，关注个性差异，围绕重点难点实施教学，教师的引导性作用显著，学生是教学的主题，课堂气氛活跃 3 教学过程非常有利于学生思考能力、学习能力的培养 4 考核方式多元、全面，通过评价工具考核，收集并分析学生学习信息，能够立即反馈给予教学帮助，学生能够很好掌握该内容，能够举一反三 5 体现信息技术与教育教学的融合创新，有代表性和推广性 6 语言简练、逻辑性强 7 衣着得体，表情自然大方	
资源与技术应用（25分）	1 多种先进有效的信息技术辅助教学，具有示范性 2 资源非常丰富，制作精美，能促进教学，发挥必需的作用	
总评		

评课人：

职业学校讲课比赛评分表

参赛教师：_____　　　　授课时间：_____

课程名称：_____　　　　授课班级：_____

项　目	评价要求	分值	得分
一、教学目标	1. 符合课程标准要求，课程教学目标明确具体。 2. 符合学生认知能力水平和实际情况，有利于学生智力发展。 3. 重视创新和实践能力的培养，注意职业道德培养和素质教育。	10分	
二、教学内容	1. 科学性：内容正确，体现科学性。 2. 合理性：容量合理，难易适度，重点突出，难点分解。 3. 实践性：联系生活、工作实际，体现操作性、技能性。 4. 教育性：知识传授和能力培养相结合，注意渗透职业道德教育。 5. 引入行业企业生产一线对岗位技能要求之外，适当引入新技术、新材料、新工艺、新设备等做为教学内容的补充。 6. 有明确的工作任务或训练项目，任务或项目的组织开展要符合职业岗位工作过程的需要，体现在校学习与实际工作的一致性。 7. 教学以学生技能的训练或学生对知识或理论的应用为主	10分	

三、教学过程	1．所有的教学环节都能充分考虑学生实际情况进行设计，安排得当，针对性强，突出学生主体地位，能有效地调动学生的学习能动性。 2．教学结构完整，节奏紧凑，层次清楚，过渡自然。 3．讲练结合，教学时间分配合理，利用率高。 4．注重对学生职业技能的培养，关注学生全面发展，育人为先，能够对学生职业生涯发展积极引导，关注学生学习状态和效果。 5．教学程序设计合理，有新意，层次分明，衔接得当，体现能力优先、情知能交融、教学做的有机统一或工、学结合的职业教育特点。	30 分	
四、教学方法	1．教学方法科学、灵活，富有启发性。 2．面向全体学生，因材施教，适应不同层次学生的需要，正确处理主导与主体关系。 3．注意学法指导，提高学生学习能力，加强创新意识培养。 4．倡导自主、合作、探究的学习方法。 5．注重激励评价，注重良好学习习惯的养成。 6．采用任务驱动、项目导向、项目驱动、课堂讨论、社会调查和案例教学法、仿真教学法、角色扮演等恰当的教学方法，激发学生自主学习的兴趣，在训练中提高学生职业技能和综合素养。	20 分	
五、教师素质	1．教师基本功扎实，教学技能娴熟，课堂调控能力强。 2．运用普通话组织教学，语言规范简练，教态亲切自然。 3．能熟练应用现代教学手段。	15 分	

六、教学 效果	1．按时完成教学任务，目标达成度高。 2．学生思维活跃，主动参与教学活动，课堂双边活动气氛好，各层次学生均学有所得，教学实效高。 3．学生所掌握的技能满足教学目标的要求，技能能够得到现场考核。	10分	
七、教学 特色	1、1. 课堂教学特色鲜明、独特，有创造性。	5分	
总分		100 分	
综合评价	评委签名：　　　　　　　时间：　年　月　日		

教学开放日活动组织

一、活动通知示例

各区、县（市）教育局，各中学：

为促进信息技术在教学环节的运用，促进教学过程的优化和教学质量的提升，加强校际交往与交流，市**中学将面向全市举办教学开放日活动，现将有关事项通知如下：

活动主题：应用现代信息技术，推进高效课堂建设

活动时间：4月21日（星期二）8：00-12：00

时 间	地 点	内 容
8：00-8：40	校门前坪	来宾签到，资料领取
8：50—9：30（第二节）	逸夫教学楼、学校报告厅	初一、初二观摩课：信息技术环境下有效教学
9：40—11：20（三、四节）	学校报告厅	学术报告：新时期教师的专业发展
11：30-12：10（第五节）	逸夫教学楼	兴趣性选修课展示

活动流程：（略）

活动要求：

1. 请各区、县（市）教育局认真组织所属初中学校积极参与学习和研讨，请省、市直属学校，城区民办学校和子弟学校分管教学副校长、教务主任、教科室主任和各学科教师积极参加。

2. 具体学科及课表安排详见网站

二、学校工作方案示例

学校教学开放日工作方案

活动主题：应用现代信息技术，推进高效课堂建

活动时间：4月21日（星期二）8：00-12：00

活动流程：

8：00—8：30 签到

8：50—9：30 第二节观摩课

9：40—11：20 专家报告

11：30-12：10 第五节兴趣选修课观摩

准备工作：

1、网络班级展示课（负责：教务处）

2、兴趣课堂展示（负责：教科室）

下周二第 5 节与第 8 节对调，要求所有任课老师本周二碰头通知到人，周五前确定上课内容和电子教案。兴趣课名单另附。

3、专家讲座邀请（负责：教科室）

4、校园秩序

1）环境卫生（负责：总务处，本周到位）

2）教室、课桌文化整顿（负责：教育处，本周清理）

3）卫生保洁、学生仪容仪表（负责：教育处）

5、交通管理（负责：保卫处，联系交警，安排停车）

宣传工作：

1、宣传板安排

内 容	开放日安排	学校办学简介	心理健康教育活动	生物剪贴画作品	阅读书签比赛作品	社团活动风采	科技创新作品
负责人	教科室	办公室	心理组	生物组美术组	语文组	团委	劳技组

2、班级展示牌（负责：教育处）；宣传折页（负责：教务处）

竞赛组织

学校课堂教学比武组织

一、指导思想

为了推进新课程改革和校本研修的进一步深化，促进教师钻研教材、探讨教学方法、实践教学手段，不断提高教师的业务素质和教学水平，特组织本次教学比武。

二、比赛内容

1、教师说课比赛，

2、教师教学设计（案例）评比

三、比赛要求

1、教师说课要求

①本次说课规定教师面对同行和其它听众口头讲述课题的教学设想、教学实施、效果及教学反思的教学研究形式，其内容主要有五个方面：说教材，说教法，说教学程序，说教学效果，说教学反思。"五说"的核心是在说明"教什么"和"怎么教"的基础上，并阐明"为什么教"。在说课过程中，要理解和把握说课的内容和实质，在此基础上，允许说课的程序、形式多样化，鼓励创新。

②说课时间限 10 分钟。

③说课比赛分高中组和初中组进行，抽签排定顺序。

④说课内容自定，参赛教师按说课要求写好说课稿，并打印 5 份，参赛时必须提供说课电子文档（格式：统一设置为 A4 纸，左右上下边距 2.5，标题：小三黑体，正文：小四-仿宋 GB2312，单倍行距，标准字符间距）并使用课件辅助说课。

⑤说课要以教学实践为基础，全面把握说课内容。

⑥分析应有充分的理论依据或本人教学实践经验总结的成熟观点，教学目的、教

法、学法及教学程序设计要根据学情，坚持以能力为本位的教学指导思想，充分体现对学生的能力培养。

⑦体现参赛者的基本功：教育理论水平、实际教学业务能力和教学组织能力；把握好时间，超时或少时 1 分钟以上均要扣分。

2、教师教学设计（案例）评比要求

①本次教学设计评比活动规定每位参赛者根据新课程理念和学科特点，写一份课时教案（含课件），统一参评。

②要求参赛教师同时交教学设计的纸质和电子文本一份，文本要求统一格式（格式：统一设置为 A4 纸，左右上下边距 2.5，标题：小三黑体，正文：小四 - 仿宋GB2312，单倍行距，标准字符间距），电子文本请发送到指定邮箱。

四、其它说明

1、参赛对象：全体学科教师。

2、说课比赛时间：略

3、说课比赛地点：略

4、教学设计上交截止时间：略

5、所有参加说课比赛和教学设计评比活动的教师，均将聘请校外专家评审并评选出一、二、三等奖，同时推荐优秀选手或教学设计送上级参赛。

学校教师综合素质比赛组织

为了推进新课程改革和校本研修的进一步深化，促进教师钻研教材、探讨教学方法、实践教学手段、研究课程新理念，提高教师的业务素质和教学水平，学校经研究决定组织本次教师综合素质比赛。

第一部分　教师综合素质比赛组织办法

一、组织机构

略

二、参赛对象

30 岁以下的教师以及近两年新进教师。

三、比赛内容及权重

初赛：二笔字（占 20%），多媒体课件制作（占 30%），

　　　十分钟片断教学（占 50%）

决赛：二笔字（占 20%），多媒体课件制作（占 20%），

　　　十分钟片断教学（占 50%），　评课（占 10%）

说明："多媒体课件制作"依据"片段教学的课件"打分；"评课"是指下一位参赛者对上一位参赛者的课进行点评。

第二部分　教师综合素质比赛形式与内容

一、比赛时间　（略）

二、比赛课题

钢笔字题目附后，赛前写好，纸张自备（A4），参赛时交评委组。粉笔字根据现场板书打分，课件制作根据上课课件打分，片段教学自选课题。

三、比赛场地条件

提供多媒体投影设备，不提供学生。

四、观摩要求

参赛老师要求全程观摩，并做好听课记录。

五、比赛日程及场次安排

分学科布置

六、奖项设置

每组评选出二笔字、多媒体课件制作、十分钟片断教学单项优异奖各 2 名，初赛全能奖按各组实际参赛总人数的 30% 选拔。同时，每组根据综合排名从其中推选出 1 名选手参加决赛。

七、附件

钢笔字书写内容

《满江红·写怀》（岳飞）

怒发冲冠，凭栏处，潇潇雨歇。

抬望眼，仰天长啸，壮怀激烈。

三十功名尘与土，八千里路云和月。

莫等闲、白了少年头，空悲切！（栏通：阑）

靖康耻，犹未雪。臣子恨，何时灭！

驾长车，踏破贺兰山缺。

壮志饥餐胡虏肉，笑谈渴饮匈奴血。

待从头、收拾旧山河，朝天阙。

青年教师课堂教学比赛评价标准

一级指标	二级指标	指标达成度（分值）				得分
教学内容适当 （24分）	1．教学目标明确性	9	7	5	3	
	2．提供学习材料的可接受程度和科学性	10	8	6	4	
	3．教学中的德育（人文精神）	5	4	3	2	
教学过程有序 （29分）	4．创设问题的情景富有启发性	10	8	6	4	
	5．组织问题解决的有效性	12	10	8	6	
	6．反馈适时并能调控	7	6	5	4	
课堂氛围和谐 （21）	7．准备充分，课堂纪律好	5	4	3	2	
	8．教师专业素养高，态度亲切自然，作风民主	8	6	4	2	
	9．学生能自主，协调配合	8	6	4	2	
学生参与积极 （26）分	10．学生参与活动的时间适当	8	6	4	2	
	11．学生参与活动的面广，主动	12	10	8	6	
	12．讨论（答疑）的质量高	6	5	4	3	
总分		100	80	60	40	

职业学校教师教学比武活动组织

一、指导思想

课堂教学是教学工作的中心环节，直接关系到教学质量的优劣。为提高课堂教学水平，增强课堂教学效果，提高教师的专业知识、专业技能和专业品质，促进教师的专业化发展，积极投身课程改革，提高教师的教学科研能力，减少课堂无效、低效行为，为学校可持续发展提供坚实的基础。按照学校工作安排，特组织举办本次教师教学比武活动。

二、活动主题

向课堂要质量，建设一支与现代化教学、学校发展相适应的中职教师队伍。

三、组织机构

（一）领导小组：略

（二）教学比武评委组：略

四、参赛对象

全校在职教师

五、参赛时间

略

六、准备要求：

1、由参赛教师自己选择确定课题，撰写教学设计、进行课堂教学。

2、除体育外，其余各学科参赛教师尽可能使用多媒体上课，课后交一份教案和课件到教务处进行存档。

3、参赛教师授课教案制成电子教案打印，比赛时评委人手一份。

4、每位教师参赛后，写出教学反思，促进教学科研能力的提高。

5、全体教师必须深钻教材、打磨教案、探讨教法，营造和谐、热烈的教学教研氛围。

七、奖项设置：

分设一、二、三等奖。

八、评分标准：

项 目	评 估 指 标	评分等级			得分
		A	B	C	
基本素质 （20分）	1、态度端正，准备充分，作风严谨	20-18	17-15	14-12	
	2、仪表端庄，情绪饱满，教态自然				
	3、语言清晰，表达准确，用语规范，语速适当				
	4、板书工整，布局合理，条理清楚				
教学内容 （30分）	1、设计科学，符合大纲，教案完备	30-27	26-22	21-18	
	2、内容充实，信息量大，反映学科前沿				
	3、讲授正确，观点鲜明				
	4、联系实际，举例恰当，有代表性				
教学技巧 （30分）	1、注重启发引导式教学，师生互动好	30-27	26-22	21-18	
	2、讲授重点突出，难点突破，条理清楚，逻辑性强				
	3、注重学生能力培养和基本技能训练				
	4、教学形式、手段、方法灵活多样				
教学效果 （20分）	1、课堂气氛活跃，能充分调动学生的积极性	20-18	17-15	14-12	
	2、学生喜欢听课，学有所获，教学效果好				
总分 （100分）					

命题研究

考试研究的基本思路

对教研员和教师来说，考试的研究分析都是非常重要的。但很多时候我们的考试研究比较零散，它是一项系统工程，具体包括：

1、**解读试题，由表及里**。首先要认真研究同类的相关试卷，把握整体趋势，同时要由表及里地逐题分析命题思路。考到某些知识可能是必然的，因为关键知识要反复考，但考到某些知识也可能是偶然的，偶然的背后隐伏着对某项能力的强调。在考试中，能力考查往往是有规律的。考试研究要在知识点考查记录和统计的基础上，善于透过知识考查，把握试卷对核心能力考查的主线。

2、**诊断得失，形成建议**。要从学生答题中诊断分析学生学习中的问题（可以利用评卷机会来研究），为改进起始学习提供建议。学生的错误也有偶然必然之分，也有知识性错误、能力缺陷和不良习惯之分。准确把握是以后防微杜渐的基础。

3、**改进测验，过程调控**。对于重大考试来说，最重要的阶段未必是毕业班。学生在前两年打下的基础和学习能力可能起着决定性的作用。所以，改进一二年级平时测验的质量，做好学习过程中的导向与调控十分重要。我们认为，考试研究一定要转化为教师命题能力（包括作业设计能力）的提高。体验规范的命题过程是提高教学把握能力的重要过程。教师在经历试题创生的过程中，才会透析试题表里的规律。

4、**调整复习，针对训练**。考试研究必须转化为应试指导，才会产生效益。在临近毕业班阶段，教师往往要将自己日积月累的考试研究资料消化整理一遍，以形成下一年复习指导的思路。考试研究不能仅仅停留于习题研究，应该还有复习策略的提升。

中考命题应关注的问题

（一）试题设计要关注六个问题

1、关注支撑学科的基本知识、基本技能、基本方法和基本思想的考查，以确保试题的效度。

2、关注载体公平、题目陈述准确精练，以保证试题的信度。题目要力争在语言陈述、图形、图像的展现上均准确明白、精练而无异议。即凡是与实际相联系的其背景应为所有学生所熟悉。凡是带有创新成份的试题均在核心内容范围内，预留的思考空间也较为适当，呈现形式也导示明确。这些特点为确保考试的信度提供了有力的支持。

3、关注不同层次的学习习惯，以确保试卷的区分度。在试题的赋分方面，注意有利于考查结果形成不同认知水平学生的得分区间，从而形成合理的得分分布区间。这样既尊重学生学习水平的差异，又能较好地区分出不同水平的学生，以保证区分结果的稳定性。

4、关注试题的可推广性。整卷所考查知识和能力应该内涵丰富而深厚，所考查的知识性目标可以抽象到课标之内容的程度，所考查的技能性目标可抽象到一般意义下该技能的程度，所考查的能力和思想方法性可抽象到一般意义下该技能的目标和思想方法的程度。

5、关注试卷整体自洽性。试题注意试卷内部的融洽和谐、不矛盾，特别要努力发挥试题在能力层面上的相互校正功能，注重试题题型搭配的合理性。

6、试卷在载体选择方面突出教育性。试卷在题目的设置上，注意关注从社会、经济、政治、科技和教育的现实问题中取材设计题目，增进考生对学科的认识，向考生渗透应用意识，引导考生关爱生活，渗透情感与态度教育。

（二）试题的特点及教学导向

试题要更加突出时代性、开放性、实践性和导向性。以数学命题为例：

1、从直叙提问走向情境展现，促进数学教学由重视知识结论的教学转向重视知识形成过程的教学，切实提高学生的分析概括能力。直叙提问的试题虽然可以考查学生的基础知识，但它只要求知道是什么，不要求知道为什么。长期大量使用直叙提问式的考题，容易导致数学教学只重视得到知识结论，而忽视知识形成过程的教学，甚至导致学生死记硬背知识结论，这也是出现"高分低能"现象的原因之一。

2、从纯数学问题解决走向实际问题解决，促进数学教学由重视解题训练转向重视理论联系实际，逐步培养学生的数学建模能力。

3、从单向封闭题型走向多维开放题型，促进数学教学由重视定向思维转向重视发散思维，着力培养学生的创新思维能力。

4、从传统应用题型走向信息构建题型，促进数学教学由重视知识积累转向重视问题探究，努力培养学生的探究精神。

5、综合题设计富有特色，压轴题难度适当，以适合考查不同学生的数学学习水平。

高三统一模拟考试组织

为了解全市高中学校高三教学效果，有效指导高考复习迎考，促进教学质量全面提升，特组织全市高三年级统一模拟考试。

一、组织领导

成立高三统一模拟考试领导小组，精心组织和部署考试各项工作。

二、命题制卷

在高三统一模拟考试领导小组的领导下，组织相关人员统一命题制卷，考试范围为高考各学科考试大纲说明及考试范围，试卷结构参照新课标全国 I 卷模式。各科时量及分值如下：

科目	时量	分值	科目	时量	分值
语文	150分钟	150分	数学（文）	120分钟	150分
英语	120分钟	150分	数学（理）	120分钟	150分
物理	90分钟	110分	政治	90分钟	100分
化学	90分钟	100分	历史	90分钟	100分
生物	90分钟	90分	地理	90分钟	100分

三、考试安排

1．考试时间及科目

日期	上午		下午	
1月7日 （星期六）	8：00-10：00	英语	14：10-16：40	语文
	10：30-12：00	物理（政治）		
1月8日 （星期日）	8：00-9：30	化学（历史）	14：10-16：10	数学 （文、理）
	10：00-11：30	生物（地理）		

2．考试地点及形式

根据高三年级学生在校就读情况，以普通高中学校为单位，分学校统一组考；全部科目实行闭卷考试，学生一律凭身份证和中学生手册参考。

考试均按照网上评卷的要求进行组织和管理，学生答题时必须写明自己的准考证号、姓名和所在高中学校等信息。

3．考试报名

各高中学校根据本校高三年级学生以及文理分科情况，统一上报学生报名基本信息表。

4．考场编排

城区高中学校由市教育局基础教育处统一编排考场考号；区县高中学校由对应县（市区）教育局基础教育科按照全市统一编排规则编排考场考号，区县教育局于12月16日前将统一编排好的全县（市区）考生基本信息报市教育局基础教育处汇总，便于校验和制作条形码。所有考场考号编排数据及早反馈给高中学校，以便学校组织考务和安排考场。

考场考号编排规则：准考证号由11位数字组成。

1 7 □ □ □ □ □ □ □ □ □

年份　县市　科类　考点编号　考室号　座位号

注：第1、2位为考试年份，第3位为县市代码，第4位为科类代码（文科类1，理科类2），第5、6、7位为高中学校代码，第8、9位为考室编号，第10、11位为座位号。

5．监考安排

各高中学校应按要求选聘责任心强，工作认真负责的教师担任监考老师，每间考室安排两名监考员。监考员要认真核对考生信息，确认无误后指导考生粘贴条形码。

四、考点布置

1. 各高中学校校长为第一责任人，全面负责本校组考工作。

2. 标准考室按照每考室30人设置，尾数考室不得超过40人，每个学校最多只准设2个尾数考室（其中文科和理科各1个）。标准考室座位必须单人、单座、单行，座位号按照5行6座排列。

3. 学校应在宣传栏内醒目位置张贴考室分布示意图、准考证号姓名对照表。考室前门上应张贴考室序号（第××考室）以及准考证号与姓名对照表，考室座位上应张贴考生座位号（01－30，尾数考室按实际排定座位号张贴）。学校应于2017年1月6日下午4点前做好考场布置工作。

4. 学校应设考务、保密、保卫、宣传、后勤（含医务人员）等若干小组，并制定组考工作实施方案和突发事件应急处理预案。

五、试卷交接与管理

1. 提卷安排：

统一到保密室提卷。

2. 送卷安排

为便于及时扫描，每天下午考试结束后，城区高中学校保密员及时将当天考完各科答题卡整理装箱后一起送市教育考试院八楼中心保密室。

试卷和答题卡的交接过程中，保密员要认真清点科目、科类（文科、理科）和数量，检查试卷袋和答题卡袋的完好程度，办理交接手续。

3. 试卷验收与密封

各高中学校要安排专门人员负责试卷与答题卡的验收和密封工作，答题卡一律不进行装订，严禁折叠、搓揉、污染。每堂考试结束后，监考员将考生试题卷与答题卡按准考证号顺序从小号到大号由上而下的顺序（小号在上，含缺考卷）整齐码放，清点无误后，交验收员按照查顺序、查份数、查倒顺、查反页的方式验收，确认无误后，答题卡平整地放入塑料薄膜袋后装入试卷袋内，再用适量胶水（浆糊）将答题卡袋封严，最后用密封条将袋口封好。试题卷装入原试卷袋内无需密封。缺考考生的试题卷和答题卡在开考30分钟后，由监考老师进行如下处理：在答题卡缺考考生姓名栏手工填写"姓名（缺考）"、准考证栏填写准考证号，在条形码区域贴好该缺考考生的条形码并填涂好"缺考"标记。同时将缺考情况在《考场情况记载表》上作好记载。

4．标准考室试卷每考室装一袋。小于 30 人的尾数考室，空白多余答题卡不装入塑料薄膜袋，但装入答题卡袋。大于 30 人的尾数考室，全部有效答题卡（含缺考卷）装一袋，空白多余答题卡单独装另一袋密封，并在余卷答题卡袋上写上"空白余卷"四个字，后用括号注明份数。

5．《考场情况记载表》分科按考室顺序以参考学校为单位装订成册随试卷一同上交。

六、扫描评卷工作

网上评卷工作由市教育局统筹协调，各区县（市）教育局共同负责组织。全市拟设 5 个扫描评卷点（城区和四县市各设 1 个），实行分点独立扫描、联网统一评卷的模式，每天考试结束后扫描点在扫描公司技术员的指导下具体组织扫描工作（扫描操作人员由各扫描点教育行政部门具体安排），各科扫描完成后，全市统一组织进行联网评卷。

1．扫描、评卷具体日程安排
略

2．为保证评卷质量，网上评卷实行双评机制。评卷教师根据市教育局按照 5 个评卷点分配的学科和人数要求，统一抽调各学校高三年级业务能力强的骨干教师担任。

八、工作要求

1．各区县（市）教育局应高度重视，及早统筹安排，予以必要经费保障，各高中学校要精心组织，周密安排，严格按照统一要求规范组考，认真做好考试和评卷各项工作。

2．各高中学校要及时认真做好考生报名工作，特别要安排专人核准考生人数和报考信息，文理分科要明确，杜绝漏报、错报和重报等现象发生。

3．由于时值学期期末，本次全市高三统一模拟考试即作为学校高三期末考试。考试期间，各高中学校考试区域实行全封闭管理，学校其他年级停止上课。学校要制定安全预案，出入口处安排保卫人员值班，禁止无关人员进入学校，做好校园安全保卫和防冻减灾工作，确保考试有序和师生安全。

4．各区县（市）教育局要派出巡视员到辖区内学校进行巡视，市教育局将派出巡视员进行随机巡视。

附件 1：
统一模拟考试考试程序

每天上午、下午第一堂开考前 30 分钟，全体监考员应到考点办公室集中，学校负责人点名后，交待考试注意事项，宣布监考员考室序号。监考员从考点办公室领取试卷、答题卡、草稿纸等，检查卷袋标记的科目与本堂开考科目是否相符，卷袋是否完好，核对无误后直接进入考室。

1. 考前 15 分钟

响"预备铃"，同时广播："预备铃，请组织考生有秩序地进入考室"。考生进入考室后，对号入座，由主监考向考生交待有关注意事项，副监考负责发放草稿纸。

2. 考前 10 分钟

吹"拆封哨"，同时广播"拆封哨，请主监考当众启封试卷"。试卷和答题卡袋启封后，主监考应逐份清点核对，如发现试卷有差错，要立即报告主考；监考员同时分发答题卡，指导考生正确粘贴条形码，填写考生基本信息。

3. 考前 5 分钟

吹"发卷哨"，同时广播"发卷哨，请监考员发卷"。发卷时，主监考在台前注视，同时提醒考生答题时不要超出规定的区域，不要折叠答题卡，并检查所发试卷是否与考试科目相符，页码是否齐全，卷面有无破损、漏印、重印、字迹模糊等现象。

4. 考试时间到

响"开考铃"，同时广播"开考铃，考生开始作答"。监考员逐个查验考生身份，同时核对考生试卷、答题卡所填写姓名等信息是否正确。

5. 开考 30 分钟

吹"界线哨"，考生可以离场，迟到考生不准进场。如有缺考考生，由监考老师在试卷和答题卡上填写准考证号、姓名，在条形码区域贴好该缺考考生的条形码并填涂好"缺考"标记，同时在《考场情况登记表》上做好记载。

6. 终考前 15 分钟

吹"提醒哨"，监考员宣布："还有最后 15 分钟"，提醒考生注意掌握时间。

7. 终考时间到

响"终考铃"，同时广播："考试时间到，考生停止作答"，考生立即停止答题，主监考令全体考生起立，提醒考生按试卷-答题卡-草稿纸由上而下的顺序整齐摆放，依次从前门退出考室。监考员要密切监视，防止考生带走试卷、答题卡和草稿纸。

8. 考生出考室后

监考员依次按准考证号顺序（包括缺考卷）从小号到大号（小号在上）收集好考生试卷、答题卡和草稿纸，如发现考生带走试卷和答题卡的要立即追回。将试卷、答题卡按准考证号顺序检查，无误后，清理考室、关闭门窗，径直回试卷装订室，按规定装袋、密封。

教师招聘考试模拟试题

一、单选题（本大题共 7 道小题，每小题 2 分，共 14 分）

1．考试时学生想起以前的知识作答，这种心理现象被称作（　　）。

A．再认　　　　B．识别　　　　C．感知　　　　D．回忆

2．（　　）规定了某一教育阶段学生经过一定时间课程学习之后，在德智体诸方面期望实现的发展程度。

A．课程目标　　B．课程标准　　C．教学大纲　　D．教育目的

3．马克思指出的实现人的全面发展的唯一方法是（　　）。

A．理论联系实际　　　　　　B．教育与社会实践结合

C．知识分子与工农相结合　　D．教育与生产劳动相结合

4．《教育法》规定，明知校舍或者教育教学设施有危险，而不采取措施，造成人员伤亡或者重大财产损失的，对直接负责的主管人员和其他直接责任人员，依法追究（　　）

A、民事责任　　B、刑事责任　　C、一般责任　　D、行政责任

5．为适应科学知识的加速增长和人的持续发展要求而逐渐形成的教育思想和教育制度称为（　　）。

A．终身教育　　B．普通教育　　C．职业教育　　D．义务教育

6．提出"泛智教育思想"，探讨"把一切事物教给一切人类的全部艺术"的教育家是（　　）。

A．培根　　　　B．夸美纽斯　　C．赫尔巴特　　D．赞科夫

7．将课程分为基础型课程、拓展型课程、研究型课程，这是（　　）。

A．从课程制定者或管理制度角度划分的　　B．从课程的功能角度划分的

C．从课程的组织核心角度划分的　　　　　D．从课程的任务角度划分的

二、简答题（本大题共 2 道小题，共 8 分）

1. 为什么说学生具有发展的可能性与可塑性？

2. 简要回答教师的法定权利。

三、案例分析题（本大题共 1 道小题，共 8 分）

学生李明，男，平时不善言谈，孤独冷漠，不喜欢集体生活，常独来独往，不善于与他人相处。一次同学聚餐上，他把自己爱吃的菜一股脑儿放在自己碗里，全然不顾周围同学们的反应。

请运用素质教育的知识分析以上情况，并提出可行的教育对策。

工作方案

普通中小学教育质量发展性评价方案

为贯彻落实党的教育政策和《国家中长期教育改革和发展规划纲要（2010-2020年）》要求，根据我市基础教育改革和发展的实际，特制定本评价方案。

一、评价目的

（一）引导学校树立"育人为本，德育为先，能力为重，全面发展"的办学理念，全面贯彻党的教育方针，深入实施素质教育，不断改进教育教学，减轻学生课业负担，促进学生全面发展。

（二）树立科学的质量观、人才观，扭转长期以来单纯以考试成绩和升学率评价教育质量的倾向，形成有利于实施素质教育的环境和氛围，积极促进学生成长、教师进步、学校发展。

（三）引导教育行政部门完善教育教学决策，不断改进教育教学管理，提升教育管理科学化水平，引领基础教育创新发展。

（四）激发不同类型不同层次学校的办学积极性、主动性和创造性，不断提高教育教学质量，倡导办学特色，促进教育公平，推进教育均衡发展。

二、评价原则

（一）科学性原则。坚持以质性评价为主，定性与定量相结合、过程与结果相结合，评价标准从实际出发，减少主观性，增强操作性，力求公平公正。

（二）发展性原则。充分考虑学校办学条件、师资力量、生源基础等因素的差异，注重增量评价，"以入口定出口"、"从起点看变化"，促使不同层次学校在原有办学水平上不断提高。

（三）全面性原则。评价指标主要围绕学校管理、学生成长和教师发展等方面进行设置，力求客观、全面评价学校教育教学质量，促进学校可持续发展。

（四）可测性原则。评价指标设置尽量精确、规范、可测，可以通过实际的观察、检测的方式进行测评，便于在评价过程中进行具体操作。

三、评价内容

依据党和国家的教育方针、教育法律法规、课程标准等有关规定，把学校管理、学生成长和教师发展三个方面作为普通中小学教育质量评价的主要内容，构建绿色评价指标体系。

（一）学校管理。学校管理水平评价主要是对常规管理、办学特色和办学行为等进行评价。常规管理主要依据年度普通中小学常规管理工作检查结果进行评价，促使学校注重过程管理，提升管理水平；办学特色主要从学校的办学理念、制度建设、人才培养模式、课程设置、校园文化等方面进行评价，促使学校在办学实践中逐步形成独特的个性风格和特征；办学行为主要依据平时办学行为规范的抽检和举报督查的结果进行评价，促使学校依法办学。

（二）学生成长。学生成长状态评价主要是对学生的品德修养、学业水平、身心健康、学习动力和学业负担等五个方面进行综合评价。品德修养、学习动力和学业负担等主要采用问卷调查的方式，对关键性指标的调查结果进行科学分析；身心健康主要依据《国家学生体质健康标准》测试、体育考试和学生相关问卷调查结果，综合分析学生的身心发展状态；学业水平主要依据小学学业检测、初中新生分班考试、初中毕业学业水平考试和考查、高中学业水平考试和考查、高考等方面数据进行科学统计，比较分析学校是否在原有办学水平上得到提升。

（三）教师发展。教师发展水平评价主要是对全校教师的师德修养、专业能力和教学效能等进行整体评价。师德修养主要采用问卷调查的方式来考核教师的职业道德与人格修养；专业能力主要采用文献分析对教师的教育教学和教研科研进行整体评价；教学效能主要依据学生对教师课堂教学满意度的调查和教学成绩进行综合分析。

四、指标设计

（一）常规管理。主要考核学校教学常规管理水平。关键性指标包括：学校发展规划、常规管理机构与制度、教学计划制定与执行、课堂教学、校本教研与培训、课程资源开发、作业布置与批改、课外辅导、实践活动开展、安全教育、教学评价等。

（二）办学特色。主要考核学校在长期办学过程中积淀形成的、本校特有的、优于其他学校的独特优质风貌。关键性指标：特色明显、成果显著、获得社会公认等。

（三）品德行为。主要考察学生的品德认知和行为表现等方面的情况。关键性指标包括：公民素养、人格品质、理想信念、行为习惯等。

（四）学业水平。主要考察学生的小学学业检测、初中新生分班考试、初中毕业学业水平考试和考查、高中学业水平考试和考查、高考等方面学业成绩的情况。关键性指标包括：学业成绩的标准达成度、学业成绩均衡度、学业成绩进步幅度等。

（五）身心健康。主要考察学生身体素质和心理素质等方面的情况。关键性指标包括：身体形态机能、健康生活方式、人际沟通、情绪调控、意志品质等。

（六）学习动力。主要考察学生学习的主动性、积极性和兴趣爱好等方面的发展情况。关键性指标包括：学习动机与态度、爱好与特长、潜能发展等。

（七）学业负担。主要考察学生的客观负担和主观负担。关键性指标包括：学习时间、课外活动、课业感受、学习压力等。

（八）师德修养。主要考察教师职业道德与人格修养等方面的情况。关键性指标包括：职业理解与认识、对学生的态度与行为、教育教学的态度与行为、个人修养与行为等。

（九）专业能力。主要考察教师的教育教学能力。关键性指标包括：教育教学、教研科研等。

（十）教学效能。主要考察教师教育教学业绩等方面的情况。关键性指标：课堂教学满意度、教学成绩等。

（十一）办学行为。办学行为是警示性指标，主要考核学校是否依法治校，规范办学。督促学校认真执行教育部、省市关于规范办学行为等方面法律、法规文件。凡是学校存在重大违规违纪行为，采用一票制否决，取消当年教育质量各项评奖资格。

五、评价实施

（一）评价对象

全市普通中小学校

（二）评价主体

每年按照分级管理、分类评价原则对中小学教育质量进行发展性评价。区、县（市）教育局主要负责对辖区内小学和初中学校的教育质量进行综合评价；市教育局主要负责对全市高中和市直初中学校的教育质量进行综合评价。

（三）评价方法

1、常规检查。根据教育质量评价指标的要求，采用看、听、查和座谈的方式，定期对学校常规管理、办学特色和办学行为等方面进行检查。

2、访谈。根据设计好的访谈提纲，通过与受访者的集体座谈、专题研讨与对话等方式，深入了解学生综合素质和学业发展水平、教师师德修养、专业能力、教学效能以及学校教育教学管理工作中非文字表述性的内容。

3、问卷调查。通过对家长、学生和教师开展问卷调查，了解学生成长和教师发展以及学校管理情况，将问卷调查结果作为一个重要指标来客观、全面评价学校教育质量。

4、学业水平测评。学生学业水平是衡量学生全面发展状况的重要指标，也是衡量学校办学质量和教师教育教学水平的重要指标。通过在全市建立统一的中小学学业成绩数据库，采用科学的统计模型对学生学业水平进行客观比较，综合分析学校教学质量。

5、文献分析。通过系统收集，分析各区县（市）教育局、学校以及中小学教师中与教学质量相关的各种规章制度、教案设计、教研科研成果、学生成长记录、教学数据统计报表、质量分析报告等，全面、客观的评价学校常规管理水平和教师教育教学能力，作为分析研究教育质量的辅助材料，以求更准确的把握学校教育质量和办学特色的发展趋势。

（四）实施步骤

中小学教育质量发展性评价是是一项比较复杂的系统工程，也是一项具有创新意义的科研课题。作为一项系统工程，需要经过较长时间的研究和探索，才能在实践中不断的完善，真正发挥评价的导向和诊断作用。

1、准备阶段

成立市"中小学教育质量发展性评价"项目组，依据本评价方案，开发相关的测评工具和调查问卷，出台市普通中小学教育质量发展性评价操作手册，然后各区县教育局制定具体实施细则。

2、试测阶段

研发市中小学教育质量发展性评价管理平台，收集整理各种评价数据。各区县（市）教育局根据实际选取部分评价指标，利用已开发的测评工具和调查问卷对小学、初中和高中毕业年级进行试测，并不断修订完善教育质量发展性评价操作手册。

3、实施阶段

对小学、初中和高中毕业年级实施正式评价，今后将这些工作与督导评估有机结合，促使基础教育质量监测与评价工作不断走向专业化、程序化和规范化。

六、评价结果与运用

（一）结果呈现。针对评价内容和关键性指标，进行分析诊断，分项给出评价结论，形成中小学教育质量发展性评价报告。对于提高教育质量的经验和做法，给予肯定；对于存在的不足和差距，提出改进的措施建议；对于明显违反教育法律法规的，提出限期整改意见。

（二）结果运用。设立市普通中小学教育质量奖励基金，在年度教育工作会上对在教育教学中取得突出成绩和进步较快的学校进行表彰和奖励。由市普通中小学教育质量评审委员会定期发布《市普通中小学教育质量蓝皮书》，以适当形式反馈给学校、教育行政部门和当地政府，逐步过渡到向社会公布，接受社会监督。

七、组织保障

1、成立普通中小学教育质量评审委员会

领导小组统筹全市普通中小学教育质量评价，下设办公室，负责日常事务；同时成立项目组，由副局长任组长，负责评价标准的制定和测评工具的开发。区县（市）教育局成立相应的评审小组，每年定期对所属中小学教育质量进行发展性评价。

2、在全市选拔业务精干、能力突出的干部和科研人员参与这项工作，逐步建立一支具有先进评价理念、掌握评价专业技术的质量监测和评价队伍。

3、市教育局基础教育处、督导室负责与相关部门的联络协调；基础教育处与区县（市）教育局负责做好中小学教学常规检查和相关测评工作；市教育科学研究院和考试院参与全市中小学学业质量数据分析和撰写报告等工作；市学生体质健康监测中心收集学生体质健康数据。各部门在承担各自职责的同时，要加强信息沟通，增强工作合力。

普通中小学教育质量发展性评价指标

评价内容	评价指标	关键性指标的考核要点	评价依据
学校管理	常规管理	学校发展规划：主要考核学校长远发展规划和年度工作计划等方面的制定与执行情况。	《教育部关于当前加强中小学管理规范办学行为的指导意见》、义务教育课程方案和各学科课程标准、普通高中课程方案和各学科课程标准、《基础教育课程改革纲要（试行）》、《教育部关于深化基础教育课程改革进一步推进素质教育的意见》及其他相关规范性文件。
		常规管理机构与制度：主要考核学校常规管理机构、规章制度和市基础教育管理平台运用等方面的情况。	
		教学计划制定与执行：主要考核学校课程设置方案、教育教学工作计划与总结、教学常规日常检查等方面的情况。	
		校本教研与培训：主要考核学校教研活动、集体备课听课、课题研究、教师培训等方面的情况。	
		课堂教学：主要考核教师教学理念、教学设计、教学效果、教学风格等方面的情况。	
		课程资源开发：主要考核学校校本课程或特色课程开发、学科教学资源开发、校内外德育基地建设、校园网建设、教育信息技术的应用等方面的情况。	
		作业布置与批改、课外辅导、实践活动开展、安全教育：主要考核学校作业布置与批改、课外辅导、社会实践活动和兴趣小组活动开展、安全教育等方面的情况。	
		教学评价：主要考核学校考试评价管理、学生成长记录袋建立和综合素质评定等方面的情况。	

办学特色	特色明显：主要考核学校在办学理念、制度建设、人才培养模式、课程设置和校园文化等某方面形成独特的稳定的办学特色。		
	成果显著：主要考核学校在办学特色方面是否取得丰富成果。		
	获得社会公认：主要考核办学特色是否获得学生、家长和社会广泛认可。		
办学行为	第一、小学学业检测、初中毕业学业水平考试和考查、高中学业水平考试和考查、高考存在集体违纪舞弊行为； 第二、违背我市中小学招生政策，在社会上造成严重不良后果； 第三、发现教育乱收费和乱定乱印教辅资料行为； 第四、违规补课，被上级教育主管部门查处； 第五、违背教育教学规律，出现严重责任事故； 第六、学校辍学率、巩固率控制达不到要求。		《教育部关于贯彻〈义务教育法〉进一步规范义务教育办学行为的若干意见》、《教育部关于当前加强中小学管理规范办学行为的指导意见》、《治理义务教育阶段择校乱收费的八条措施》及其他相关规范性文件。
学生成长	品德行为	公民素养：主要考核学生在遵纪守法、社会公德、诚实守信、团结友善等方面的认知和表现情况。	社会主义核心价值体系、义务教育课程方案和各学科课程标准、普通高中课程方案和各学科课程标准、《中小学德育工作规程》、《中共中央国务院关于进一步加强和改进未成年人思想道德建设的若干意见》、《中小学生守则》、《小学生日常行为规范（修订）》和《中学生日常行为规范（修订）》及其他相关规范性文件。
		人格品质：主要考核学生在自尊自信、尊重他人、乐观向上等方面的表现情况。	
		理想信念：主要考核学生的爱国情感、民族认同感、集体意识、社会责任感、人生理想等方面的情况。	
		行为习惯：主要考核学生在文明礼貌、勤俭节约、热爱劳动、爱护环境等方面的表现情况。	

	学业水平	学业成绩的标准达成度：主要考核小学学业检测、初中新生分班考试、初中毕业学业水平考试和考查、高中学业水平考试和考查等学业成绩合格率的情况。	义务教育课程方案和各学科课程标准、普通高中课程方案和各学科课程标准、《教育部关于深入推进和进一步完善中考改革的意见》以及其他相关规范性文件。
		学业成绩均衡度：主要考核小学学业检测、初中新生分班考试、初中毕业学业水平考试和考查、高中学业水平考试和考查、高考等学业成绩总体差异程度的情况。	
		学业成绩进步幅度：小学阶段主要比较学校在籍学生六年级学业成绩与该校前三年六年级平均学业成绩的进步幅度；初中阶段主要比较学校在籍学生初中新生分班学业成绩与中考学业成绩的进步幅度；高中阶段主要比较学校在籍学生高一新生录取中考学业成绩与高考学业成绩的进步幅度。	
	身心健康	身体形态机能：主要考核学生达到国家学生体质健康标准和体育考试成绩等方面的情况。	义务教育课程方案和各学科课程标准、普通高中课程方案和各学科课程标准、《学生体质健康标准》、《国务院办公厅转发教育部等部门关于进一步加强学校体育工作若干意见的通知》、《中小学心理健康教育指导纲要（2012年修订）》及其他相关规范性文件。
		健康生活方式：主要考核学生对健康生活知识、技能和方法的了解，生活规律、卫生习惯、有无不良嗜好和参加课外文娱体育活动等方面的情况。	
		人际沟通：主要考核师生关系、同伴关系、亲子关系、团队合作等方面的情况。	
		情绪调控：主要考核学生能否体察自己的情绪变化、适当表达自己的情绪并以合理的方式宣泄不良情绪。	
		意志品质：主要考核学生应对和克服学习、生活中遇到的困难的态度和表现情况。	
	学习动力	学习动机与态度：主要考核学生学习兴趣、自信心与自主性等方面的情况。	义务教育课程方案和各学科课程标准、普通高中课程方案和各学科课程标准、《教育部办公厅关于在义务教育阶段中小学实施"体育、艺术2+1项目"的通知》及其他相关规范性文件。
		爱好与特长：主要考核学生在文学、艺术、科学、体育等领域的喜好，并为之付出的努力，形成的相对优势等方面的情况。	
		潜能发展：主要考核学生对自身禀赋和潜在能力的认识、有意识地促进其发展的情况。	

	学业负担	学习时间：主要考核学生上课时间、作业时间、补课时间、睡眠时间等方面的情况。	义务教育课程方案和各学科课程标准、普通高中课程方案和各学科课程标准、《中华人民共和国未成年人保护法》、《中小学学生近视眼防控工作方案》、《中共中央国务院关于加强青少年体育增强青少年体质的意见》、《教育部关于当前加强中小学管理规范办学行为的指导意见》及其他相关规范性文件。
		课外活动：主要考核学生参与课外活动等方面的情况。	
		课业感受：主要考核学生对课堂教学、作业和考试（测验）难易程度与有效程度的感受和看法。	
		学习压力：主要考核学生在学习过程中出现的疲惫、焦虑、倦怠、厌学等情况。	
教师发展	师德修养	职业理解与认识：主要考核教师师德修养、敬业精神、合作精神等方面的情况。	义务教育课程方案和各学科课程标准、普通高中课程方案和各学科课程标准、《小学教师专业标准（试行）》和《中学教师专业标准（试行）》及其他相关规范性文件。
		对学生的态度与行为：主要考核教师关爱学生、尊重学生、保护学生等方面的情况。	
		教育教学的态度与行为：主要考核教师教育教学理念、教学行为等方面的情况。	
		个人修养与行为：主要考核教师师爱、乐观心态、情绪调控能力和为人师表等方面的情况。	
	专业能力	教育教学：主要考核教师班级管理与教育、对教材的二度开发、教学技能等方面的情况。	
		教研科研：主要考核教师教学研究、科研成果等方面的情况。	
	教学效能	课堂教学满意度：主要考核教师课堂教学是否得到学生认可等方面的情况。	
		教学成绩：主要考核学科教学成绩是否得到整体提升等。	

学校教学常规管理规定

为进一步推进学校管理的规范化、标准化、系统化，规范教师的教学行为，提高学校教学质量，为新课程和素质教育的全面深化创造良好的管理机制和发展环境，现根据学校相关管理制度，进一步明确和细化，制定本管理规定。

一、教学计划

（1）每期开学第一周，教务处、教科室拟定工作计划，并打印分发到教研组。

（2）任课教师以备课组为单位根据教务处和教科室工作计划在第二周内制定学期教学计划及教学进度表备查。

（3）其它重大活动，由教学部门拟定单项计划。

二、排课和调课

（1）教务处在开学前排好课表，教师根据自己的情况可在第一周内提出调课申请，并报教务处根据学校实际进行调整，课表经教务处认定后非特殊情况中途不得更改，更不允许私自改动。

（2）教师如需请假，在办公室填写请假条后，凭请假条到教务处调课。

三、备课

以备课组为单位实行集体备课，做到"备课标、备教材、备学生、备教法、备学法、备现代教育技术与学科教学整合、备教具、备教学过程、备练习、备板书设计、备德育渗透"。倡导主题单元备课，将一个单元的教材内容作为一个有机的整体来看，围绕单元的教学主题即单元科学概念进行单元教学设计，每次都要确立一个主备课人；鼓励增加组内说课次数。

1、项目齐全：写清楚备课日期、教学目的、教学重点难点、教学步骤、作业、教学后记。

2、右边留 3 厘米宽，写教学方法指导和学法指导。

3、30 岁以下的青年教师要求 60%以上教案写教学后记和反思，其他教师要求 20%以上教案写教学后记和反思。

4、要分课时书写，不能两个课时写一个教案。35 岁以上的个别教师使用打印教案的，必须符合学校教案格式，且有手写批注和教学后记。

5、对于毕业班复习课、习题课等，同样要分课时写教案。可以列出重点讲解的题目和学生易错的原因。

四、上课

（1）必须按铃声上下课，每节课预铃前到达授课班级（正式铃前 2 分钟，上午第四节、下午第二节提前 5 分钟），管教管导，授课知识点明确无误，重点突出，难点讲透，用语准确，口齿清晰，语音宏亮，语速适中，不说题外话、粗俗话、与社会主义核心价值观违背的话，板书布局合理，简要工整，合理运用多媒体教学，积极探索高效课堂。

（2）不备课不上课，没教案不上课。

（3）不旷课、不迟到、不早退、不私自调课。

（4）教学语言规范、教学方法运用恰当、注意仪表，保持良好的风度和饱满的热情。

（5）采用小组合作学习，体现学生主体性，教师讲解一般不超过 25 分钟。

（6）联系现实热点和生活实际，提高学生分析能力，提高学生兴趣。

（7）严禁旷课、严禁上课时接打手机、严禁教师坐着授课、严禁体罚或变相体罚学生、严禁课上吸烟、酒后上课。非特殊原因，不准使用小蜜蜂上课。

五、听课

（1）积极参加上级部门、学校、备课组组织的听课、评课活动。

（2）提倡推门听课，同教研组、备课组每两周互相听课不少于 1 节（病事假、公差或外出学习例外），听课以听课记录为准，每学期教师听课不少于 20 节，教学管理者不少于 30 节。

（3）听课笔记记述内容要较详实，且要有意见、建议和评价，写清楚听课日期、班级。

（4）听课不迟到，听课时不交谈、手机关机或调振动。

六、作业布置及批改

教师要根据教材内容，精心设计课堂和课外作业，既有统一要求，又能体现因材施教、分层作业，既不加重学生负担，又能保证练习质量。教师要认真批改作业，重视作业的讲评，切实为改进教学和提高质量服务。

布置和批改作业的基本要求：

（1）作业的形式要多样，可分口头、书面、思考、实验、操作、制作、测量、观察、调查、阅读等作业，力求能开拓学生知识面，启发学生思维、培养学生能力。

（2）作业的内容要精选，份量适当，难易适度，并具有层次性、思考性、应用性、开放性。课堂作业必须当堂完成，家庭作业做到"三布置三不布置"，即布置发展学生思维的作业，布置引导学生探究的作业，布置迁移拓展、提高能力的作业；不布置重复性作业，不布置惩罚性作业，不布置超过学生合理学习限度的作业，班主任每天要统筹本班各科的作业，对不合理的作业及时删减，确保学生家庭作业总量不超过 90 分钟。

（3）作业的规格要统一，严格要求学生认真、按时、独立完成作业，做到书写工整、格式规范、步骤清楚、书面整洁。

（4）批改作业作业的批改要做到"三要"，即一要认真及时，二要查漏补缺，三要反馈评讲。当天的作业当天批改，各科批改数量，凡要求学生做的作业一般教师要先做一遍，做到心中有数。数学、英语每周不少于 4 次，物理、化学每周不少于 2 次，政治、历史、地理、生物作业每周一次，语文课后作业每周 3 次，作文每学期大小作文各6 篇（批改要求有眉批、总批、圈点、评注等）。作文必须在下次作文前批改结束，作文批改要有总批、眉批，圈点、评注等。批语要有针对性、指导性、字迹要工整。

（5）重视作业的讲评，对学生作业中出现的主要问题，要及时讲评和纠正，对好的作业要予以表扬，同时督促学生订正错误，对无力订正的学生应进行面批。

（6）各科的辅助作业以学生自愿订购的上级部门准入的教辅资料或备课组组织的试卷、学案为主，不允许集体统一购买、指定地点购买或强制学生购买。每学期教务处将不定时抽查非准入资料的使用，对违规教师学校将组织调查，根据调查结果视其违规情节轻重按学校管理制度和上级的相关文件精神处理。

七、监考阅卷

学校由教务处认真组织期中、期末考试，教务处协同初三年级完成月考工作，其他年级组织考试必须得到教务处批准，备课组应及时分析考试情况，平时各备课组应适当组织单元检测，随时掌握学生的学习情况，及时改进教学工作。

八、课堂安全管理

（1）树立"学生安全人人有责"的观念，班主任、任课老师应加强对学生的安全教育,严格课堂教学管理,确保课堂教学安全。上课教师要加强课堂教学的组织工作，严禁学生在课堂上随意下位、追逐打等以防安全事故的发生。

（2）各班应在班主任的指导下安排学生专人考勤，严格核实学生异常缺勤情况，并向班主任汇报，问题严重班主任不能独立处理须及时报值日行政领导进行协调处理。

（3）各任课教师应有所任课班级学生花名册，进班上课时先清点、记载学生到班情况，一旦发生异常缺勤情况要迅速汇报。

（4）在教学过程中要对学生进行安全教育：密切观察、掌握学生在课堂上的动向；制止学生之间发生口角，杜绝学生由于打架、斗殴而产生的不安全事故；使用圆规、刀具等要注意安全。

（5）教学过程中要关心学生，以平等的态度对待学生，尊重学生人格，避免讽刺、挖苦、体罚或变相体罚学生；杜绝由于教育不当而导致学生出现的安全问题，因离岗而引发的学生安全事故，任课教师负全部责任。

（6）上课期间，学生因特殊情况需离开课堂任课教师要严格核实后方可批准，课后要及时向班主任通报情况。因工作不到位而引发的学生安全事故，任课教师负全部责任。

（7）上实验课、体育课、音乐课等非原班级授课的，任课教师要特别注意教学安全。

九、总结

（1）教务处、教科室每学期期末写出工作总结交主管副校长审查并存档。

（2）科任教师期末需上交教学工作总结，备课组教研组上交集体备课记录、教研活动记录等交教科室检查存档。

学校教学质量监控工作方案

为进一步贯彻落实市教育督导室《进一步加强义务教育阶段教学质量评价的实施意见（试行）》、市教育局关于《普通中小学教育质量发展性评价方案》的有关文件精神，现结合学校实际，特制订本教学质量监控工作方案。

一、指导思想

以"新课程改革"为契机，以"课堂教学改革创新"为动力，以"提高教学质量"为目标，使素质教育落到实处，切实确实提高我校教育教学质量水平。

二、组织管理

（一）工作小组

成员：教务处、教科室、督导室成员以及各教研组长。

（二）工作流程

一级监控——质量监控工作小组办公室是监控中心，起教学及管理的组织、协调、考核、分析、反馈作用。制定学校各项教学活动计划与进度并监控执行；依据《学校教学常规管理办法》进行教学常规活动的全过程检查监控；进行学科知识、能力的考查考核监控；召开学生、家长座谈会，对教师的教学情况进行监控；收集、反馈教学质量监控的各项材料、信息，将学科监测结果填写进《教师教育教学年度量化表》，待校领导审阅后交于学校教科室存档。

二级监控——教研组是中枢，是骨干力量，起疏通、组织、调整、执行作用。组织制定本教研组的各种教学活动进度与计划，并监控执行；组织开展本组教学教研活动，做到计划、时间、内容、小结四落实，并确保活动的开展与记录及时、有效。

三级监控——各科任教师是实施教学质量监控最直接、关键的操作者、实践者。加强质量意识，为学生的全面发展制定具体计划和措施；遵循《学校教学常规管理办法》的各项要求，提高自身教学水平；在面向全体的基础上，有重点地进行追踪分析，采取有效途径导优辅差，并建立档案。

三、监控体系

实施"两全监控"，即"全员监控"和"全程监控"。全员监控：即对教学质量的全部要素进行监控，包括教师、学生、各学科全程监控：即对三个年级实行统一监测，通过期中、期末考试定期监控，并将监测情况分析汇总反馈到学校工作小组。

四、监控内容与措施

课堂教学常规监控（过程监控）：严格执行《学校教学常规管理办法》，按新课改的要求，使教师在备课、上课、作业批改、辅导、听课、出卷、监考、评卷、教改等各方面得到全方位的有效控制。

教学成绩监控（目标监控）：监控的学科为文化考试学科，即政治、语文、数学、英语、物理、化学、历史、地理、生物共9门课程的课任教师所任教班级的平均分、及格率和优秀率。以当年同类期末考试总平均分、总平均及格率、总平均优秀率为参照值，文科高出同类班平均数3分以上（含3分）者为优异；高出2—2.9分者为优良；理科高出平均数5分以上者为优异；高出3—4.9分者为优良。优异\优良的教师：学校给以通报表扬，并与评优表模、竞争上岗、晋级评职、年度考核多项挂钩。对学科教学成绩差距超过警告线者，年级组内点名批评；差距超过严重警告者，学校通报批评，并予学校年度量化考核备案，作为学校教师全员动态聘任制、评优表模、晋级评职、年度考核的重要依据。

	优秀	优良	警告	严重警告
文科平均分	超3分以上	超2-2.9	低2-2.9	低超过3分
理科平均分	超5分以上	超3-4.9	低3-4.9	低超过5分
班级优秀率	超50%以上	超20%以上	低20%以上	低超过50%
班级合格率	超50%以上	超20%以上	低20%以上	低超过50%
说 明：年级整体与同类学校比较，参照上述标准执行。				

音乐、体育、美术监控要求：负责组织好全校性活动；负责组织参加市学科竞赛并获奖；负责组织开展课外兴趣小组活动。

五、工作要求

全体教师要进一步提高思想认识：教育教学质量是学校的生命，是广大人民群众的要求，是新时期课程改革的根本目标，更是每一位教师的价值体现，为此，必须牢固树立"质量第一"的观念，牢固树立全局、全校一盘棋的观点。

全体教师要进一步加强学习，深刻领会课程标准，新教材，认真履历好岗位职责，求真务实，以实际行动致力于教育教学质量的提高。

全体教师要进一步强化"师德"，摒弃为提高教学质量而采取的错误做法。为此，特提出"六要""六不要"：要团结协作，不要自私自利；要公平公正，不要投机取巧；要向课堂要效益，不要加课、补课；要热情关爱辅导，不要挖苦，甚至驱赶；要制定合理难易比例（8：1：1），不要繁、难、偏、旧；要协调教与学的关系，不要以成绩给学生排名次。

学校教育科研工作实施方案

一、指导思想

以学校教育科研五年发展规划为指导，以不断提升教师的师德、师能和教科研水平，切实加强我校教师队伍建设，打造一支"师德好、业务精"的教师队伍为目标，组织学校教育科研工作。

二、总体目标

强化"科研兴教、科研强校"的意识，重视教师队伍建设，以建设一支"师德好、业务精"的教师队伍为目标，坚持对教师进行继续教育和培训，全面提高教师的专业技能素养和文化知识素养，开展有学校特色的多元化校本培训，培养能满足现代教育发展要求的研究型教师队伍，让全体教师获得可持续提升。

1、**课题研究**：开展"教师教育科研常识"的专题讲座、讨论，邀请专家指导和引领，力争有1～2个市级以上的立项课题，围绕主课题立数个校级子课题；做好各级立项课题的过程管理和结题工作；做到使每位教师都具有教科研常识，创造人人参与课题研究的学习型校园。

2、**教师培训**：依据计划，按照以"整体推进、分层发展、协同优化"的基本策略，通过多形式、广渠道、大强度推进教师培训，做到每位教师通过校本培训24课时以上，分层培训和上级部门培训达人均24课时以上。通过校本培训和上级部门培训，力争每个专业30%的教师成为校级骨干教师，10%以上的教师成为市级专业骨干，5名以上教师成为省知名教师。通过师徒结对、教师定期继续教育培训，增加学校专业化的培训，"研究型"教师比例达85%以上。

三、组织机构

（略）

四、具体措施和工作

1、营造科研氛围，强化教育科研作用

通过宣传、参与、督促、检查等措施，强势推进，使广大教师充分认识到教育科研是实践先进理论，是解决教学教育实际的、现实的问题，是提高教育教学效益的最佳路

径，坚持不懈的努力，使全体教师相信科研、依靠科研，主动的参与科研。比如：开展教科研培训活动，每月第二周星期五下午为教师的学习时间，形式多样。再比如开展"请进来，走出去"活动，邀请专家、领导来校指导，或以教研组为单位一年外出学习一次。编辑《教科研通讯》，让教师了解教育最新信息。

2、完善管理体制，加强科研管理工作

制订学校校本培训计划，将教科研有关工作序列化、常规化，"到什么点就做什么事"，利于教师早明确、早准备，提高科研工作质量。

3、普及课题研究常识，促进教师课题研究意识

教师课题研究氛围不浓，极大原因是因为教师不懂、不会，觉得层次高深，难度系数大。如果普及课题研究常识，比如每位教师都了解教育科研的一般过程和方法，以及课题研究是解决现实教育教学过程中的困惑与疑虑，是教学需求，是为有效教学服务，是为减轻教师负担服务，在做中学，在学中做。积极组织教师进行"教师教育科研常识"专题系列讲座，做好立项课题的过程管理工作，且及时向教师汇报课题研究内容及进程。邀请教科研专家对课题进行指导，提高课题的可操作性。

4、以评比为抓手，提高教师的专业技能

学校每学期开学第2个月进行新教师的汇报课展示，举行教师基本功竞赛、优质课、说课技能竞赛，教学设计、教育教学案例、专业课教师技能操作评比，在评比、竞赛中激励教师不断学习，强化教学技能的训练，提高教师的自我素质。

五、工作具体安排

1、理论业务学习

a、每学期分发 1 本业务学习笔记，开放教师阅览室，为每位教师业务理论学习搭建学习信息平台。

b、有组织、有计划开展教科研培训的活动，邀请领导、专家来校进行课题研究等专题讲座或校内教师教学研讨。

2、专业技能提高

a、师徒结对，互帮互助，共同提高，强化青年教师的成长。

b、以活动为载体，提高教师的专业技能。开展新教师的汇报课活动，开展教师基本功竞赛，教师的教学技能优质课、说课竞赛，教学设计、案例评比，专业课教师的技能操作竞赛，开展教研组每月一节的研讨课，一学期两周的推门听课和课堂教学诊断课活动。

c、落实教师定期外出培训工作。

d、邀请其他兄弟学校教师来校指导工作。

e、收集教学设计、案例、反思等，汇编成册。

3、教研组建设

a、定期开展教研组活动：每周两节课为教研组的集体备课学习时间，每月两次教研组安排的组内交流课和评议。

b、外出学习：对于兄弟学校先进的、或具有特色的教学经验，各教研组组织一次外出学习和交流，回校后形成学习调查报告，并组织组内讨论学习。

c、学期末，各教研组对活动进行总结。

4、课题建设

a、开设"教师教育科研培训"系列专题讲座。

b、积极组织教研组、教师申报各级的课题。

c、定期召开立项课题会议，做好课题的过程管理，收集、整理课题资料。

d、成立校教育科研学术委员会，做好论文评审送交前的指导工作。

5、骨干教师培养

a、校内、校外结对培养。

b、"送出去"学习。

c、写教学反思，对当前教育教学的热点、难点问题开展有效的科研活动。

6、研究型教师的培养

a、定期参加各级各类的教育教学培训。

b、学校积极创造条件，拓展教学科研的研讨氛围。

7、教科研评比

评选学期教科研工作先进个人，优秀教研组，给予精神鼓励和一定的物质奖励。

教师发展性评价实施方案

建立促进学生身心健康成长、教师知识能力的发展、学校教学质量提高的教育评价体系，是推进素质教育实施的核心。教师发展性评价已成为新课程改革中的一项重要任务。《基础教育课程改革纲要（试行）》指出要"发挥教学评价促进教师教学能力的提高和改进教学实践的功能，建立促进不断提高教师能力的评价体系和学校领导、教师、学生、家长共同参与的教师评价方案"。教师评价的改革要有利于加强教师的职业道德建设，有利于促进教师业务水平的提高，知识和专业能力的成长，有利于建立新型的师生关系和实施推进素质教育发展。因此，研究并建立体现素质教育观念和新课程精神的发展性教师评价方案，是教育改革发展的必然，也是当前学校教育工作者面临的一个意义重大的研究课题。研究并建立一套适合本校科学的教师评价办法，引领教师队伍专业化成长，将关系到学生成长和学校健康快速发展。正基于此，学校以国家新课程改革基本理念为指导，以多元智能理论为依据，以改善学校教育教学工作、促进教师专业化发展、全面提高学生的学习质量为最终目标，深入全面地开展校本教师发展性评价。

一、时代背景

教师的发展是社会发展的需要。百年大计教育为本，教学大计教师为本，随着社会、科技、经济的发展，人们越来越关注教育的发展对人类未来的影响，必然也就关注起教师从职业化走向专业化、职业化专业化的进程，对教师的希望越来越高。面对社会的希望，教育事业自身也不得不关注起教育事业自身发展的主力军——教师的发展，教师知识能力的发展，教师各方面的发展是新课程改革的需要，社会的发展需要，随着新课程改革的实施，教师的本身就发生了转变，即：成为学生学习、发展的促进者，教育教学的探究者，课程改革的开拓者、创造者，给教师的自我发展创设了一个良好的发展空间，同时，向教师提出了新的挑战。因此，教师们期望有一个潜能动力的发展、自我实现的空间。教师发展是社会的发展需要，是学生成才走向社会的需要。优良的教师队伍是学校持续发展、社会进步的有利保证，是培养优秀学生源源不断的教育资源。教师的工作对象是学生，教师的学识渊博与教师的实际表现，教学实践中展现出来的教学设计、组织、协调等自我调控能力，都是学生学习的优秀用之不竭的资源。尤其，教师自我发展、自我调控的科学教学实践过程中所表现出来的执着与严谨的教育教学能力，将影响学生的终身发展。现代教师追求个性化个人价值的实现。可见，教师队伍的建设是教育发展、学校发展和社会进步的关键。教师评价是教师管理的重要内容，改革传统的教师评价，实施发展性评价，是促进教师成长和提高教育质量的一种有效手段，是学校管理教育教学改革的内在需要。

二、目的意义

教师发展性评价实施是教师将社会要求转化为自我实现目标，且又不断进取——反思——进取的动态发展过程，是主体——教师自我及在他人的指导下、支持帮助下，设计创新开拓的自我发展性目标、能动实践、主动接纳外部信息及自我调控发展的过程。是一种形成性评价，它的目的不在于奖罚，而是在没有奖惩的前提下推进素质教育促进教师的专业成长，从而实现学校、社会、现代科技的发展目标。教师能动地进行教育实践与反思。教师发展性评价的目标是通过教师主动实践、自我调控，和教师群体的支持、广泛性的服务、多元督导的过程中得以实现。

教师的发展是基于社会、学校、教师、学生要求的，在于学校的内部管理，为了学校可持续的发展、适应需要、教师的专业成长、学生个性全面发展的过程。教师发展性评价是校本实施，评价方案指的是评价体系校本化。教师发展评价最基本的原则是将评价的立足点放在教师和学校的未来发展方面，评价不仅要关注教师的实际表现，更重视教师的未来的专业化发展，重视每位教师在已有水平上的发展与提高，最终促进教师队伍的整体发展、教育质量的提高和学校长远的可持续发展。

评价教师其目的是促进教师专业成长与发展，评价着眼于教师的专业发展和学校教育教学质量的提高，充分发挥评价的源动力和导向，促进教育工作者积极上进、取长补短，不断提高的发展的过程。因此，确定评价目标、标准、程序、方法，作出评价结论等方面，要考虑被评价对象的未来发展的需要，注重把个体发展需要与社会、学校发展需要和科技发展需求紧密结合，使其学校发展目标符合社会发展和科技发展的需求。在新的教育基础改革的评价内容上，要敢于开拓创新，打破旧框架树立新内容，积极探索新的教育教学改革的新理念，新的评价方案。不仅关注教师的工作成绩，而且要关注教师的专业成长与社会的需要。在评价方法上，建立学校领导、教师、家长、学生共同参与的师生评价实施方案。

激励评价教师不断进取，不断完善、不断发展。要用长远的发展的观点去正确看待被评价对象的成功与失败，以发展的目标为动力，要杜绝、防止、克服"褒贬性"评价。在工作上和学业上有任何一点进取的，都应以肯定，激励广大教师积极工作。对于评价效果中不理想的老师，应给他们积极上进改正的机会，希望他们尽快赶上。只有这样，校本评价方案才有信任感，才能把评价作为个人发展需要的动力，实现以评价促发展的目的。教师发展评价的内容与评价的方式要切合教师、学校及家长的具体实际，注重实效，不搞形式主义。

三、评价内容

对教师的评价主要包括教师的教育素质发展评价、教师教育教学行为、教育教学效果评价和师德评价。构建科学的教师发展性评价体系，包括：教师基础性评价、教师发展性评价。评价表包括课堂教学评价工作量表、教学量化考核表、师德行为个人修养评价表等。

教师素质发展评价：主要教师的思品素质、文化业务素质（学科文化知识、理论教育知识）、能力与业务素质（教育、教学、科研能力、创造创新力和职业专业发展能力）。

教师教育教学评价：主要是评价教师的工作量、备课、上课、作业、课外活动辅导、学生学业成绩评价、教学行为、师德工作、团结协同工作。

教师教育教学效果评价：主要是评价教师的教育效果、教学成绩、教科研成果。

师德工作评价：主要是从依法廉洁执教、爱岗敬业、关心热爱学生、治学严谨、团结工作、为人师表等方面评价教师。

评价的方式：学校领导评价、教师之间互相评价、教研组评价、教师自评。

四、实施思路

"校本教师发展性评价"从理念到实践都是一项探究性、创造性的工作，要加强领导管理，结合学校实际，有计划、有步骤地组织实施，加强落实实验发展任务和方法，严格控制量化标准，以推动校本教师发展性评价实施的顺利进展。

第一阶段：

1、建立健全学习研讨制度，提高教育教学改革、教师评价的理论指导水平。健全学习研究制度，制定好每学期的研究工作计划。建立研究活动日（每周半天），认真开展学习研究活动。学习、宣传教师发展性评价的意义、特点，教师确立自主发展目标，实施教师自主发展性评价。调查反馈，修改方案，阶段性总结。

2. 认真开展探索。评价要有创新精神，做别人没有做过的试验，体验前人没有体验过的感受，发现前人没有发现过的东西，总结前人没有总结过的经验，探索前人没有探索过的规律。

第二阶段：

1、做好搜集、积累和整理资料工作，认真开展课程研究。搜集积累整理资料，它也是研究的基础工作，是实验的基石；也是实验总结、报告、写作反馈的起点和基础。要重视搜集和积累，有针对性地搜集和积累，从阅览材料中搜集经验，实践中探索。

2．开展多种形式的科究活动，活跃研究气氛，提高研究水平。推动科研工作深入进行。开展教师发展性评价的方式、措施和效果的调查研究工作，校本教师发展性方案的评选和交流活动。

第三阶段：

1、定期进行工作总结、检查指导，做到制度化。以倡导新时期教学观念为依据，根据研究资料，对研究结果，做出量化分析，完成教师发展性评价实施方案。

2 撰写研究工作报告。鼓励教师和参与研究工作的人员努力投入到实验教学工作中来，并做出自己的贡献。

五、管理要求

1、教师发展性评价要基于学校、教师、学生的需求，植于学校内部管理，促进学校可持续发展、教师的专业成长、学生个性化全面发展。

2、校本教师发展性评价是教师能动发展的前提。要走上主动发展的过程是一个艰难的过程，主要是多年的定势难以打破。因此，有效途径是要建立一套促进教师自主发展的运行机制，有效实施教师发展性评价。

3、教师发展性评价将使教师更加清晰地认识到自己发展的状况，从而进一步明确发展的方向及发展策略。因此，教师发展性评价既是对教师基本素质工作成绩的评价和自主发展性评价，又是对教师的专业发展评价。

4、建立一套科学可行的教师发展性评价措施。即对教师基本素质和工作的评价、目的是促进教师自主发展。

5、结合教师年度考核、教学工作量化考核、各项评优等，把评价结果与学校各项奖惩制度挂钩存档。

加快教育现代化的行动方案

"建设教育强国是中华民族伟大复兴的基础工程，必须把教育事业放在优先位置，加快教育现代化，办好人民满意的教育。"十九大报告中关于教育事业的表述，为湖南教育发展指明了方向、提出了要求。如何加快教育现代化，应从理解、认识教育现代化开始，然后结合湖南实际，提出工作要求，制定工作措施。

一、教育现代化的内涵

一种较普遍的观点认为，教育现代化是传统教育转化为现代教育的过程。教育现代化的内容包括教育思想的现代化、教育制度的现代化、教育内容的现代化、教育设备和手段的现代化、教育方法的现代化、教育管理的现代化等。

教育现代化概念的内涵主要是：

①教育现代化表示一定的教育水平，是指教育发展所达到的较高标准，是教育与一个国家或地区的社会、经济、科学技术以及相应的民族心理相适应的具有现代社会先进特征的水平状态。

②教育现代化作为社会现代化的组成部分，同样是一个动态的发展过程。

③教育现代化其实质就是要突破传统的束缚，建立超越性的教育机制，教育现代化的过程就是对传统教育的批判、继承和发展的过程。

④教育现代化不是一个孤立、狭义的数量增长现象，而是广义的整体转换，是一种教育整体转换运动。

⑤现代化的根本标志是人的现代化，是人的比较全面、自由、充分的发展。

二、教育现代化的特征

教育现代化的普遍性特征也就是世界教育现代化过程中普遍适用的特征：教育的法制化和民主化、教育的国家化、教育结构的完整化、教育理论的科学化和细分化、教育方法的技术化、教育的终身化、教育的国际化和全球化。

同时教育现代化兼具标准化和特色化。标准化指的是一种从地域意义上具有普遍性、共同性和统一性的教育现代化，特色化指的是基于一定区域，对其社会、文化、环境认同并与之相融合、相适应的教育现代化。

总之，教育现代化体现在：教育全民化、教育终身化、教育开放化、教育与生产劳动相结合、教育必须塑造人的现代素质、教育科学化、教育法制化、教育多样化。

三、教育现代化的衡量指标

第一是教育的民主性和平等性。目前教育的民主性和平等性还有待改善。当然，绝对的民主和平等是不可能的，但是相对均衡发展是应当追求的目标。

第二是教育的个性。教育的个性首先表现在培养学生的个性，这对中国教育来说是个非常重要的问题。中国的基础教育优势在于非常强调学生对基本知识、基本技能的掌握，但是在个性发展上、在创造精神上还有很大的缺陷。个性最重要的内核就是创造性，要培养学生有创造的精神。

第三是教育的终身性。终身教育有几个层次：一是个人的层次，每个人都要终身学习；二是各种组织的层次，每个组织都要成为终身学习的组织，每个社区应该成为终身学习的社区。新时代终身教育已经不是为了谋求任何目的的，而是已经成为人的生活的一部分。

第四是教育的多样性。多样性体现在既要有正规教育又要有非正规教育。教育的结构要多样化，普通教育、职业教育要并举。

第五是教育的开放性。当今社会是开放的社会，教育要社会化，社会要教育化。要建立一个没有围墙的学校，在大教育的观念里进行。

第六是教育的国际性。教育国际性已经越来越受到大家的重视，国际交往越来越频繁，国际信息交流越来越迅速，各国都在吸收别国的留学生，国际合作办学也在不断加强。

第七是教育的创新性。包括教育思想上的创新，教育制度、内容上的创新，教学手段和技术上的创新。

第八是教育的信息化和网络化。信息和网络不仅扩大了个人的脑力，还扩大了全人类的脑力，全人类的智慧都可以集中起来共享。信息和网络对人类思维方式的改变，成为教育现代化的重要标志。

第九是教育的科学性。教育行为过去仅靠经验积累，现在要靠科学研究，使之更趋理性化。

四、加快教育现代化的工作要求

湖南是教育大省，加快教育现代化就是要建设"教育强省"。总体上已基本解决了"有学上"的问题，正朝着"上好学"的新的历史目标迈进；已经实现了"大起来"的目标，正朝着"强起来"的目标努力。从"有学上"到"上好学"，从"大起来"到"强起来"，这是一个历史分水岭，也是判断教育发展进入新时代的主要标志。在新时代，湖南要加快推进教育现代化，就是要直面人民群众对于"上好学"的新期盼，切实增强人民群众的获得感。

一是要突出公益普惠，加快形成惠及全民的公平教育。着眼新型城镇化、"单独二孩"政策实施、户籍制度改革等带来的学龄人口数量结构变化，进一步优化和完善基础教育学校布局。深入推进义务教育优质均衡发展，加强示范区和学校标准化现代化建设，均衡配置教育资源并向农村学校和城区薄弱学校倾斜，健全义务教育校长和教师合理流动机制，保障外来务工人员随迁子女等困难群体平等接受义务教育，确保到 2020 年所有县（市、区）达到省定义务教育优质均衡发展要求，所有义务教育学校达到省定现代化办学标准。大力发展现代职业教育，推进校企合作、产教融合，到 2020 年基本建立现代职业教育体系。

二是要突出质量内涵，着力提供更加丰富的优质教育。着力推进教育发展从外延扩张向内涵提升转变，推动学前教育普惠优质发展、义务教育优质均衡发展、高中教育特色多样发展、职业教育创新发展、高等教育内涵发展。围绕省中长期教育规划纲要，加强省级统筹，加大学校布局结构、教育管理体制、现代教育体系等内涵建设力度，实行教育现代化监测公报制度，确保十三五教育发展总体实现省定教育现代化指标，力争国家上游水平。

三是要突出互动融合，着力追求服务发展的现代教育。坚持把教育改革发展放在转变经济发展方式、建设创新型省份的大局中来谋划，综合考虑现代化建设对人才培养、科技创新、文化传承创新的需求，切实提高教育服务经济社会发展的能力和成效。积极主动面向战略性新兴产业，调整办学结构，优化专业设置；实施高校协同创新计划，广泛开展多种形式的成果转化、科技服务和培训活动，推动政产学研深度融合，为发展创新型经济、建设创新型省份提供人才和智力支持。

四是要突出灵活多样，努力建设人民满意的终身教育。顺应人民群众日益多样的文化需求，适应人口老龄化趋势，积极发展继续教育，广泛开展社区教育，健全湖南开放大学办学系统，拓宽终身学习通道，为全社会提供广覆盖、多类型、多层次、开放便捷的教育与培训，构建人人皆学、处处能学、时时可学平台。

五、加快教育现代化的工作措施

要加快推进教育现代化，办好人民满意的教育，这是湖南今后教育工作的基本目标。实现教育现代化，包含办学理念的现代化、办学条件的现代化、教育质量的现代化、教师队伍的现代化、人才培养的现代化、教育理念的现代化。要达到这些目标，必须拿出切实可行的工作措施。

一是要加快学习，促进教育理念的现代化。思想决定行动，教育现代化，首先是教育理念要现代化。全省上下要注重面向人人，充分保障公民接受教育的权利。要注重以人为本，因材施教，为每个人提供高质量、多样化、有特色的教育。要注重终身学习，提供更开放优质的学习资源、多样化的学习机会、灵活便捷的学习方式、绿色友好的学习环境。要注重知行合一，重视实践能力培养，提高学习者的创新创业能力。要注重共建共享，推动全社会共同参与教育发展与治理，共享教育发展成果。

二是要加大投入，实现教育保障的现代化。现代化的教育需要现代化的保障。要坚持教育优先发展，牢固树立抓教育就是抓发展，谋教育就是谋未来的理念，切实改善教育发展环境，凝聚教育发展合力，在全省形成尊师重教、崇智尚学的浓厚氛围。要坚持把教育投入作为第一投资，落实教育投入"两个提高""三个增长"法定增长要求，完善多渠道筹措教育经费的体制机制，确保各级各类教育生均经费达到国家规定标准，确保各级各类学校基本办学条件达到国家要求。要坚持人才强教、人才强校，努力打造一支有理想信念、有道德情操、有扎实学识、有仁爱之心的高素质专业化教师队伍，力争教师队伍整体水平进入全国先进行列。

三是要加强建设，实现师资队伍的现代化。加强教师队伍建设是加快教育现代化最重要的基础性工程，在师德师风、培养培训、改善待遇等方面多管齐下，湖南省要努力铸就师德高尚、业务精湛、结构合理、充满活力的高素质、专业化教师队伍。

四是要加深改革，突出教育治理的现代化。教育治理现代化是教育现代化的重要保障。要坚持依法治教，深化管办评分离改革，加强教育治理能力建设，健全政府依法管理、学校自主办学、社会监督评价的多元参与、共建共享的协同治理机制。要推进现代学校制度建设，完善学校内部治理结构，健全校内民主监督机制，促进学校自我约束、自主发展，充分释放办学活力。要加强党对教育工作的领导，始终坚持社会主义办学方向，全面落实从严治党要求，为教育现代化建设提供坚强的政治保障和组织保障。

学校青年教师片段教学竞赛方案

为进一步加强教师队伍建设，提升全校教育教学水平，引导广大青年教师立足岗位，爱岗敬业，提升能力和素质。经研究，决定开展青年教师片段教学竞赛活动。为认真组织好此次活动，特制定本实施方案。

一、时间地点

略

二、竞赛学科划分

文科：语文、英语、历史、地理、政治

理科：数学、物理、化学、生物

其他：音乐、体育、美术、劳技、信息技术

三、竞赛内容

1．竞赛形式：选手到教科室抽取所教学科教材中的某一个片断进行片段教学。

2．竞赛要求：

①以《课程标准》为依据，体现新课程理念，符合学生认知规律。

②粉笔字板书使用正楷或行楷、书写规范、设计布局合理、注重艺术性。

③合理运用现代信息技术，帮助学生理解、掌握、运用知识，注重实用性和美观性结合。

④竞赛选手需按要求提交教学设计，由学校指定学生10人。

3．竞赛时长：限时12分钟，正负不超过30秒。

四、场地布置

请总务处、电教中心负责。

五、摄影宣传（略）

六、内勤（略）

七、学生调度（略）

八、竞赛分组

组　别	科　目	姓　名	评　委	计时统分	地　点
文科一组	语文				
	政治				
文科二组	英语				
	地理				
	历史				
理科一组	数学				
	生物				
	物理				
理科二组	化学				
综合组	信息				
	体育				
	美术				

注：1．抽签时，请每学科组第一位参赛老师负责带好所教学科教材。

2．请计时员和统分员自带电脑并准备好相关计时程序。

3．主持程序为：

①介绍评委；　　　　　　②宣读比赛规则；

③宣布比赛内容和顺序；　④按序宣布上一位参赛选手得分；

⑤请校级领导或主评委宣布小组名次；

⑥请主评委点评。

学校校本课程管理制度

校本课程是学校课程重要组成部分，重视校本课程开发是基础教育课程改革的具体目标之一，有利于培养学生个性、发挥教师特长、办出学校特色。为了全面落实《基础教育课程改革纲要（试行）》的精神，促进学校校本课程的研究、开发和管理，特制定此管理制度。

一、指导思想

全面贯彻党的教育方针，认真落实《基础教育课程改革纲要（试行）》精神，坚持以学生的发展为本，深入实施素质教育，优化课程结构，充分利用学校和社区的课程资源，进一步调动学校自主开发课程和自主管理课程的积极性，逐步形成适应地方、学校和学生特殊需要的，体现学校办学特色的学校课程体系。

二、工作原则

1、以学生发展为本，学校课程的研究与开发活动必须认真考虑学生的需要、兴趣与经验，一切从学生的健康发展出发；

2、充分发挥校本课程对学生发展的不同价值作用，体现学校办学特色；

3、校本课程的教学要重视学生学习方式的转变，尽可能地采用合作、参与、探究和体验等有助于学生主动学习的学习方式；

4、在鼓励教师及有关人员创造性地开发课程的同时，要明确各自职责，加强教学和教材的规范管理；

5、充分挖掘和利用校内外课程资源，注意发挥家长和社会力量的作用；

三、工作要求

1、在校本课程开发中，教师要确立"针对校本，面向课程，凸显个性，动态发展"的目标。

"针对校本"，就是要以学校为本，以学校为基础，针对缺陷，发挥优势，挖掘资源，组织人员，在学校中开发校本课程。

"面向课程"，就是要认真做好涉及校本课程开发的环境分析、课程目标设置、课程组织、课程实验和课程评价五个部分工作，加强三个环节的研究，即确定开设的科目；形成校本课程的指向；制定校本课程开发、实施、评价的计划。

"凸显个性"，就是要在课程开发时，把张扬学生个性，体现老师个性和强化课程个性有机地结合起来。

"动态发展"，就是说校本课程是动态发展的，好的课程不断完善，新的课程不断加入，一些不受学生欢迎或准备不足、教学效果不好的课程将被淘汰。

2、教师提出课程开发构想与意向，并以教研组为单位在学期初向教务处递交课程纲要。课程纲要包括：课程目标、内容简介、课程进度计划、课程评价方案、选报（人数）要求等。

四、组织实施

1、经学校审核同意开设的校本课程，由教科室在第二周将拟开设课程目录会同年级组向全体学生公布。

2、教研组长负责安排校本课程教学任务。拟开设的校本课程原则上由申请该课程的教师本人承担，特殊情况也可由教研组统筹安排。

3、教师在接到校本课程开设任务通知后，应认真做好上课准备。待学生选课结束后，由教务处正式下发开课通知。原则上每门课程应有 25 人以上学生选课才准予开课，特殊情况则由教务处与开课教师商定。

五、教师管理

1、接到教务处开课通知的教师应按要求到指定教室（地点）上课，做好学生出勤登记。

2、教师按照课程教学进度计划组织教学，在教学中应认真听取学生意见，可以根据实际情况对教学计划作出适当修改。

3、教师做好所开设课程的学生成绩考核工作，在校本课程结束后把学生考勤登记册、学生成绩册交到教务室归档。

4、开发校本课程的教师应自编讲义（或课件），课程成熟后学校统一印刷装订成教材。

5、教师开设学校课程情况应记录在教师业务档案中，并作为教学工作内容之一。

六、学生管理

1、学生应根据自身发展需要自愿选择学校课程，在指定时间内根据教务处公布的学校课程拟开设目录认真选择。如学生所选课程因选课人数等因素未能开课，应在接到教务处通知后重新选择。

2、学生在收到校本课程上课通知后，应服从学校安排到指定教室（地点）上课。

3、学生应认真参加校本课程的学习，不得随意缺课，如无故缺席 1 次或因故缺席 3 次不得参加该课程考核，并按学籍管理的有关规定处理。

4、学生积极参与校本课程的建设，有权向任课教师提出合理化建议和要求。

5、学生达到出勤率的要求并参加该课程的考核合格可获得该课程的学分，成绩按优、合格、不合格记录归档。

七、教务管理

1、教务处应会同教研组根据学校教科室的安排提前做好校本课程开设目录。一般在第二周确定开课课程，第三周确定选课名单并正式上课。

2、做好选课指导。对首次选报未成功的学生应通知其重新选报，并将选课情况下发到班级，及时向学生公布。

3、教务处认真排出校本课程开课课表，确定上课教室（地点），在可能情况下满足教师对教室或设备的要求，编制学生名单和考勤登记册，交到任课教师手中。

4、做好日常教学检查，负责处理调课、代课，师生请假等事宜，并收集校本课程的问卷调查情况。

5、做好校本课程资料收集、归档等工作。

八、课程评价

1、每学期校本课程结束后，学校将评选出优秀校本课程，并编入《学校优秀校本课程集》，进行交流与推广。

2、学校鼓励优秀校本课程教师在教学中不断丰富和完善讲义，在专家指导下形成校本教材。

校本课程评价标准

指 标		评价标准及其得分			
		4 分	3 分	2 分	1 分
1	课程设计的科学性、发展性、拓展性、适用性，开设本课程的意义	课程目标明晰，反映当代科技与社会发展趋势，对学生综合素质提高具有显著作用，课程纲要内容详细	课程目标清晰，基本体现当代科技与社会发展趋势，对学生某一方面素质提高具有促进作用，课程纲要内容比较详细	课程目标基本清晰，课程内容合理，对学生发展能有一定促进作用，课程纲要内容简单	课程目标不明确，或课程内容陈旧落后，或看不出对学生发展的意义，课程纲要内容不全
2	教学材料准备的准备情况	教师系统全面掌握了本领域的知识，课程计划完整、成熟，教材或讲义已经可以使用	教师全面掌握了本领域的知识，课程计划基本完整成熟，教材或讲义等教学材料基本准备完毕	教师基本掌握了本领域知识，课程计划还在修改，教材或讲义处于编写或选择中	教师部分掌握本领域的知识，没有完整的课程计划，没有相应的教材或讲义
3	教学设计与教学组织准备情况	有完整的教学设计与教学安排，有明确且成熟的学生学业成绩评价方案	教学计划与教学组织安排已经确定，尚需要继续完善，有学生成绩评价办法	教学计划与教学组织只有初步考虑，学生学业成绩评价正在酝酿中	没有明确的教学计划与教学组织安排，没有形成学生成绩评价的办法
4	课堂教学状况观察	课堂气氛活跃、师生互动积极，探究气氛浓郁，学生表现出了很高的学习兴趣，参与度高	课堂气氛比较活跃，师生有一定互动，能够共同对一些问题进行探究，基本没有学生做其他事情	课堂教学气氛有些沉闷，师生互动少，部分学生做其他事情，学生基本没有积极的探究	课堂沉闷、没有师生互动、没有探究，半数以上学生不能集中精力于教学中
5	学生对课程实施的评价	学生调查对课程评价满意率很高（非常满意），多数学生愿意向其他同学推荐该课程	学生调查对课程评价满意率较高，但学生评价意见有分歧，部分学生愿意向同学推荐该课程	学生调查对该课程评价满意率较低，极少由学生给出高的评价，极少学生愿意向同学推荐该课程	学生调查评价满意率很低，而且意见比较一致，没有学生愿意主动向要好同学推荐学校该课程

6	教务管理部门对课程实施的检查	教师没有无故缺课现象，能及时上交学生考勤登记册、学生成绩册			教师无故缺课，或未能及时上交学生考勤登记册、学生成绩册

学校心理健康教育活动设计方案

目前，很多学校已把心理咨询室拓展为心理健康教育中心，或学生心理发展中心。软、硬条件正逐步走向完善，学校心理健康教育工作机制也要走向常态化。

一、倡导"零距离"德育理念，启动校园心理健康教育工程

良好的心理素质是人的全面素质中的重要组成部分，是未来人才素质中的一项十分重要的内容。中小学心理健康教育，是根据学生生理、心理发展特点，运用有关心理教育方法和手段，培养学生良好的心理素质，促进学生身心全面和谐发展和素质全面提高的教育活动。毫无疑问，它是中小学素质教育，特别是德育工作的重要组成部分。学校应建立由校领导牵头的"心理健康教育领导小组"，设置"心理咨询室"，定期研讨，现场办公。同时要在全校教职工大会、班主任会议等场合宣传推广"人人都是心理健康教育工作者"理念，从关心学生心理需求出发，老师与学生"零距离"接触，创新新时期学校德育机制，通过开设讲座、报告会、宣传栏等途径，注重培养提高班主任、家长的教育方法和水平。通过开设心理网站、心理广播、心理小报、心理班会、心理社团等校园心理活动，提升青少年自我心育能力和水平。

二、发挥"教研组"团队作用，建设专业教师队伍与专业服务场所

专业教师队伍是心理健康教育稳步推进的保障。有条件的学校应组建心理教研组。并建立以教研组为主，以家长学校、班主任、生活老师、社区专干等为辅的校园立体心理健康教育工作网络。同时选拔班级"心理委员"，纳入班团干部管理，由心理老师集中培训，使之成为心理联络员的重要角色。作为专业服务场所的学校心理健康教育中心，应建设有心理咨询室、宣泄室、团体活动室、资料室等功能室。并配备音乐放松系统、沙盘系统、宣泄器材、学生档案管理系统、投影音像设备、办公电脑和学生活动座椅等，成为同学们情感倾诉、心理求助的重要场所。

三、创新"点对点"工作机制，搭设蹲班联络平台服务重点人群

新时代学校心理健康教育有两大特点：一是应面向全体学生，开展预防性的心理健康教育，帮助学生在认识自我、承受挫折、适应环境，以及学习、择业、交友等方面获得充分发展，以努力提高全体学生的心理素质和人格水平。这是中小学心理健康教育的

基础和工作重点。二是应对少数有心理困扰或心理障碍的学生，给予科学有效的心理咨询和辅导。对极少数有严重心理疾病的学生，及时识别并转介到医学心理诊治部门进行有效诊治。为追求心理健康教育的最大实效，应探索心理辅导"点对点"工作机制，针对多种特色班级，要求每个心理老师下一个特殊班级蹲点辅导；针对初中正处青春波动期特别组织班会活动；针对个别班主任推荐的求助学生采取"首问制"，谁接待谁负责，并要求跟踪回访；针对毕业年级心理困惑较多，每年4、5月份要重点关注毕业年级学生心态发展，有重点地为毕业班学生及家长开展心理辅导工作。

四、落实"成人礼"节日常规，提倡高中生应做好人生规划和职业指导

我们发现，高三学生临近毕业，除要做好考前心理辅导外，更要做好动力引导工作，其重点是人生规划和职业指导。每年5月份，在校园心理健康周中，可选择一天开展高三学生"成人礼"节日活动。内容包括人生规划讲座、职业志愿咨询、社区义工服务、成人宣誓仪式等。事实上，学校心理健康教育有两大培养目标：第一，正确对待自我。能够悦纳自我，抱有信心，乐观向上；能够积极面对生活与学习中所面临的各种压力，最大限度地发掘自己的潜能，使自己的能力不断得到发展。第二，能够正确对待身处的外部环境。富有责任感，与他人友好相处，承担起多种社会角色，既能接纳他人，又能获得他人接纳；能够积极地避免和克服在人际交往中所构成的心理问题。所以，一个优秀的高中毕业生，不仅是考上一所理想的高校，更应该学会压力应对，适应周围环境，做一个人格健全、努力实现个人价值的有志青年。

高职院校专业技术人员科研考核管理办法

为充分调动广大专业技术人员的科研积极性，科学、合理地考核专业技术人员的科研工作量，全面促进本单位专业技术人员的创新精神和品质，促进科研活动蓬勃开展，提高科研成果产出率，提升的科研水平和学术水平，为学院发展和社会经济文化建设服务，结合实际，特制定本办法。

第一条：考核个人对象

所有专业技术人员，即凡拥有专业技术职务并享有专业技术工资的非工勤系列人员。专业技术人员分为专任教师和其他专业技术人员两类，专任教师指在职具有高等教育教师系列职务并从事教师岗位工作的专业技术人员，其他专业技术人员包括具有高等教育教师系列职务但兼任或以从事非教师岗位工作为主的在职专业技术人员、具有其他系列专业技术职务的在职专业技术人员。

第二条：考核依据

以年度科研基本工作量计分标准为依据，个人年度考核合格标准分见下表。

个人年度科研工作量合格标准分

人员类别	正高	副高	中级	初级	员级
专任教师	60 分	40 分	30 分	20 分	10 分
其他专业技术人员	48 分	32 分	24 分	16 分	8 分

注：

（1）面临退休的专业技术人员：根据学院相关规定的年限，不纳入年度科研考核；

（2）当年调入学院的专业技术人员根据在学院的月数和其相应职称基本工作量确定当年工作量，计算公式：基本工作量=在学院的月数×相应职称基本工作量/12；

（3）公伤、病假（重大疾病）、产假专业技术人员按休假时间减免相应的工作量；

（4）副高以上职称的专业技术人员，原则上须有在研课题（项目）（参与和主持均可），或者在公开刊物上发表的论文一篇，未达到此要求，其科研工作考核为不合格。

第三条：考核程序

由教职工本人携带科研成果原件和复印件到学院科研处登记记分，每年科研成果收集的截止时间为11月份，逾期登记的科研工作量顺延到次年计发。如再次逾期登记的作自动放弃处理。

第四条：奖励与处理

考核结果作为年度综合考核、评聘专业技术职务、科研考核划等评优和发放科研年度考核奖励的重要依据。科研工作考核等级分为特等、一等、二等、三等及合格与不合格六类，具体标准如下：

个人科研工作量年度考核等级标准

个人科研工作量年度考核分数（X）	考核评价等级
X≥400分	特等
300分≤X＜400分	一等
200分≤X＜300分	二等
100分≤X＜200分	三等
个人年度科研工作量合格标准分≤X＜100分	合格
X＜个人年度科研工作量合格标准分	不合格

1、奖励办法

科研工作考核等级为特等、一等、二等、三等者，学院分别给予一次性奖励5000元、1000元、500元和200元。

2、处理办法

（1）记录公布。科研处将确认后的专业技术人员每年科研考核得分及科研不合格人员名单，以院内公示、文件等方式进行公布，建档存档并多年保存；

（2）提供结果。科研处将专业技术人员每年科研考核结果及时如实地提供给相应部门或单位，或客观如实出具相关证明。

第五条：违反科研和学术道德行为的考核处理

专业技术人员凡发生抄袭、剽窃、伪造、侵占他人科研和学术成果等违反科研和学术道德行为，经举报等程序提起和查实，取消其相应的科研考核分，报请学院学术委员会和学风建设领导小组根据情节轻重程度实行违反科研道德规范制裁处理措施，包括记过、警告、严重警告、降级或撤销专业技术职务、开除等处理措施，取消相应科研和学术荣誉。凡涉及违法犯罪等后果者，均由本人自己承担，学院概不负责。

第六条：年度部门科研成果量化排名办法

年度部门科研成果量化排名计算公式：$Zn=M/N+（in-io）×10$，Zn 指系部年度最终积分；M 指系部年度科研成果总分；N 指系部总人数；in 指系部科研合格率；io 指当年最低科研合格率；$（in-io）×10$ 指科研合格率影响子数。

第七条：附则

1、各系部处室应参照本办法制定本部门的科研工作量考核与奖惩分配办法。

2、本办法自颁布之日起实施，由科研处负责解释。

附件：科研工作量的计算办法

一、科研工作量计算范围

1、为科研课题（项目）立项所付出的劳动；

2、完成科研课题（项目）所付出的劳动；

3、撰写论文、著作所付出的劳动；

4、经学院组织的科研咨询、科研服务活动以及各类学术活动；

5、纳入院科研管理的其他科研活动。

二、科研工作量计算办法

（一）科研工作量（分）= 科研课题（项目）工作量（分）+ 科研成果（分）+ 其他科研活动（分）

（二）科研课题（项目）工作量计算办法

科研项目工作量以"分"为计算单位，计算公式为：

[（项目基本分×项目性质系数（K））＋经费分]×排序系数（P）

1、项目基本分：150分/项

2、经费分：指有经费的横向项目按以下方法加分，

每0.5万元加记项目基本分的10％。

3、项目性质系数K

考虑到科研项目水平，难度等方面差异的实际情况，设立项目性质系数K，见下表。

纵向项目性质系数

项目类别	国家科学基金	国家级重点	国家级一般省科学基金	部级重点	部级一般省级重点	省级一般厅级重点	厅级一般市级重点	市级一般院级重点	院级一般
K	3	2.5	2.0	1.8	1.5	1.1	1.0	0.7	0.5

横向项目性质系数（指到帐的经费，不含底数）

经费	50万元以上	10-50万元	5-10万元	2-5万元	1-2万元	1万元以下
K（每万元增加）	0.15	0.1	1.6	1.2	1	0.8

4、排序系数P

对于由多人联合承担的科研项目和所取得的科研成果（著作、论文、获奖等），其科研成果分的分配方法原则上按下表系数计算，亦可由课题组负责人（或作者）根据实际情况按比例进行分配。排序系数如下：

课题组人数	2		3			4				5				
按贡献排序	1	2	1	2	3	1	2	3	4	1	2	3	4	5
系数P	0.6	0.4	0.5	0.3	0.2	0.35	0.3	0.2	0.15	0.3	0.25	0.2	0.15	0.1

5、计分方式

（1）正式批准的项目或经费进入院科研管理账户的项目按30％计算项目分，结题后计算剩余的分数；

（2）同一成果若出现重复记分情况，则按最高分只计算一次。

（三）科研成果记分标准

1、发表的学术论文记分标准

学术论文指人文社会科学、自然科学、软科学和教育科学方面的学术性论文和调查分析报告（论文的中文字数不少于 1500 字），不包括一般文学作品、通讯报道、简介、访谈录、各种书籍的前言、序、结语等文稿，具体说明如下[见湘职改（1999）25 号文件]。

（1）国际权威学术刊物：英国《自然界》、美国《科学》，每篇 300 分×P；

（2）国际权威检索系统：SCI—科学引文索引、EI—工程索引、SSCI—社会科学索引，被 SCI、EI（源刊）、SSCI 收录每篇 120 分×P；

（3）国家权威学术刊物，每篇 100 分×P；

（4）一类核心刊物，每篇 80 分×P；

（5）二类核心刊物、国内省级以上机关报理论版，每篇 60 分×P；

（6）国内一般学术刊物，每篇 30 分×P；

（7）本院学报、国际学术会议交流论文，每篇 20 分×P；

（8）有公开发行刊号的论文集（含外校学报增刊），每篇 10 分×P；

（9）内部刊物（有省内刊号）、全国性学术会议交流论文，每篇 8 分×P。

2、获奖的学术论文及科研课题（项目）记分标准

（1）获奖的学术论文记分标准

获省部级以上政府颁发的优秀学术论文奖记分标准见下表，获学会奖的论文，其奖励在此基础上降一等记分。

优秀学术论文奖（政府奖）记分标准

级别 奖项	国家、部级		省级		市级	院级
	一级	二级	一级	二级		
一等奖	60 分×P	45 分×P	35 分×P	30 分×P	25 分×P	20 分×P
二等奖	45 分×P	35 分×P	30 分×P	25 分×P	20 分×P	15 分×P
三等奖	35 分×P	30 分×P	25 分×P	20 分×P	15 分×P	10 分×P

（2）获奖科研课题（项目）记分标准

获政府颁发的自然科学奖、科技进步奖、发明奖、社会科学奖以及学院颁发的科研成果奖的科研项目按下表记分，政府颁发的其他科研项目奖参照下表降一等记分。

科研项目奖（政府奖）记分标准

级别 奖项	国家级	省部级	市级	厅局级	院级
一等奖	300 分×P	180 分×P	100 分×P	70 分×P	40 分×P
二等奖	200 分×P	120 分×P	70 分×P	55 分×P	25 分×P
三等奖	150 分×P	70 分×P	60 分×P	40 分×P	15 分×P

3、教材、著作记分标准

（1）公开出版的专著：15 分/万字（独著），12 分/万字（合著，按本人撰写部分计算）；

（2）公开出版的译著：5 分/万字；

（3）教材，分以下四种情况：

a．教育部规划教材 6 分/万字，主编加记 0.8 分/万字（第一副主编按主编的 50％计算，下同），主审 8 分/本；

b．公开出版的教材 4 分/万字，主编加记 0.6 分/万字，主审 6 分/本；

c．院内教材 2 分/万字，主编加记 0.4 分/万字，主审 4 分/本；

d．公开出版的画册、作品集：1.5 分/幅，图文并茂的作品 4 分/万字。

4、应用技术成果记分标准

（1）鉴定水平

国际领先：180 分×P；国际先进：120 分×P；

国内领先：80 分×P；国内先进：60 分×P；

省内先进：30 分×P；

（2）国家基金项目验收为优秀的，加记 100 分×P；省基金项目验收为优秀的，加记 50 分×P；

（3）专利

发明专利：100 分×P；

实用新型专利：30 分×P；

外观设计专利：20 分×P；

软件著作权登记：40 分×P。

（四）其他科研活动记分标准

1、申请省级以上科技成果而未获奖项目：每项 10 分；

2、经学院组织并由有关单位证明无报酬的科技咨询、科技服务活动，一项计 15 分（提供相关证明材料）；

3、院级学术报告主讲，每次 15 分，系级学术报告主讲，每次 5 分（需到科研处登记并交相关的资料，如课件、报告提纲等）；

4、担任省一、二级学会会长、副会长、秘书长，每年计 3、2、1 分；

5、为学院提供科研发展基金，每 1000 元计 3 分×P；

6、科研成果转化项目，按上交学院的盈利金额，每 30 元计 1 分×P；

7、在公开发行的学术刊物上发表的艺术作品，按学术论文的 40％记分。

上述 1 至 7 项的相加总分不得超过本人基本工作量的 50％。

四、科研工作量的确认

在申报科研工作量时，应提供以下材料：

1、成果证明材料

（1）论文和成果获奖证书原件及复印件；

（2）科研项目立项、结题或鉴定证书（证明）及复印件；

（3）著作、教材原件，版权页复印件及出版社提供编写字数证明；

（4）校内教材原件及审核证明；

（5）专利授权证书。

2、成果排序证明

多人合作的成果，由第一作者或项目负责人或相关部门出具成果排序证明材料。

制度建设

教研员政治学习制度

一、学习内容

学习党的方针政策、党的建设理论、国际国内时事、重要会议精神、法律法规等，学习教育科研相关业务规章和制度。本着缺什么学什么，需要什么补什么的原则，确定学习内容和学习计划。

二、学习方式

1、坚持自学为主的基本策略。每年至少推荐一本必读书籍，并适当推荐重点学习文章。

2、坚持以支部为单位开展交流研讨。凡政治学习交流研讨，由支部书记主持，努力营造全员主动参与的氛围。

3、坚持发挥专家引领的作用。利用人才资源优势，开设专题讲座；或根据需要约请专家来院作专题报告，努力提高党委学习中心组和全体工作人员集中学习的质量与效益。

三、学习安排

1、党委学习中心组成员每季度末月安排一次集中学习。

2、专题讲座或主题报告每季度安排一次。

3、以支部为单位的交流研讨每期安排一次。

4、凡集中学习均安排在星期一上午；如遇特殊情况则适当调整。

5、严格遵守学习纪律，做到不迟到、不早退、不准无故缺席。如有特殊情况不能参加学习的，要经院分管领导批准，过后要及时补课。

6、认真做好学习笔记和记录。

教研员工作基本要求

一、拥护中国共产党，忠诚人民的教育事业，全面贯彻党的教育方针，努力推行素质教育，积极促进教育教学改革与发展。

二、遵守法律法规，遵守社会公德，遵守《师德规范》，严于律己，廉洁奉公，言行举止为人表率，树立良好的教师形象。

三、热爱集体，具有团队精神，认真履行岗位职责，遵守劳动纪律和本院各项规章制度，按质、按量、按时完成本院和上级交办的各项工作任务。

四、在学术讲座或接受媒体采访等场合中，应积极宣传本级教育行政部门和单位的工作指导思想，不发表与党的教育方针不符的意见，不传达尚未形成决议的工作意见。

五、全市性的学科教研活动，应通过业务主管室主任审批后实施；凡涉及收费的活动或项目，必须按院财务审批制度并履行相关手续后按章操作；教研经费专款专用，不得挪作他用或个人消费。

六、应熟悉专业知识，与时俱进；积极主持或参与课题研究；每学期主讲两次以上学术讲座，开展 4 次以上全市性教研活动；每学年听课不少于 80 节；有计划地指导培养骨干教师。

七、积极参与教科院组织的地方教材、教参等编撰工作；不得私自以教科院的名义编写、印制或出版教辅资料。

八、必须以高度的事业心和责任感做好命题、制卷、阅卷、调研等工作，遵守相关纪律，杜绝失误。

九、组织全市性的教师、学生竞赛、评比（选）等活动，必须经相关部门批准，认真策划，坚持公平、公正、公开的原则，确保其严肃性和有效性。

十、热情支持市教育学会的工作，兼任社团职务的应遵守章程、履行职责，树立为学校、为教师服务的思想。处理好社团工作与岗位工作的关系，以院工作大局为重。

十一、教研员要严格遵守单位上班作息制度、外出请假制度。原则上每周一要到单位集中。市级教研活动及外出需要向分管领导汇报；省级或出省教研活动要上报分管领导请示批准；出国教研活动或交流需报院长批示。

十二、教研员若违反上述守则，轻者给予批评教育；情节严重者，经院务会研究在院内给予相关处分；对造成不良社会影响的，由个人承担全部社会责任或法律责任。

教研员日常工作须知

教研员应该在学期初对本学科工作作出统筹安排，学期末写出工作总结，并交所在所室存档管理。

经批准开展的学科重大活动，事先应作出翔实可行的操作方案，杜绝随意性，以保证活动的顺利开展。

对开展的活动（调研、督导、命题、评卷等），要写出总结评析报告，以总结反馈经验，不断提升开展活动的水平与实效。

对来单位联系工作的人员，要热情接待，不无故推诿。

每周一应坚持在单位统一上班的制度，以方便单位工作的安排。要坚持按时上、下班，上班期间不做与本职工作无关的事。

教研员外出联系、指导工作，应按院统一规定，实行事先告知制度，并保持联系畅通，以免贻误工作。

教研员安排学科工作必须统筹考虑，不与院（室）安排的集体活动相冲突，以保证集体活动圆满进行。

教研员要按时参加院（室）会议或集体性活动，对所承担的工作应保证按时、按量、按质完成。

兼职教研员队伍建设的管理制度

为贯彻《国家中长期教育改革发展规划纲要（2010--2020）》精神，切实落实素质教育，加强教师队伍建设，全面提升教师专业水平，进一步推进基础教育课程改革，优化课堂教学，提高教学质量，经研究，建立兼职教研员队伍。为此，特制定如下管理制度：

一、兼职教研员的条件

1. 热爱教育事业、爱学生，师德好。

2. 专业素质好，有较深厚相关学科专业素质和教育理论水平，有一定的论文、专著发表。

3. 教学经验丰富，从事学科教学 8 年以上，担任过教研组长以上的专业学术职务，具有相应学段高级教师资格。

4. 热心教研工作，有指导教师教学和研究的能力。

二、兼职教研员聘请范围

1. 高考学科、中考学科等各文化学科，每学科聘请若干兼职教研员。

2. 非高考、中考学科，视学科需要聘请兼职教研员。

3. 没有设专职教研员的学科，但确实需要的，可聘请兼职教研员。

三、兼职教研员聘请程序

1. 由学科教研员根据需要提出聘请兼职教研员人选。

2. 对教研员提出的兼职教研员人选进行审核。

3. 报教育局审批，颁发证书。

四、兼职教研员职责

1. 协助教研员做好相关教研工作，如教学检查、教学视导、听课评课、组织教研活动等。

2. 参与制定学科教研计划，参与学科课题研究，参与制定与实施学科教师培训。

3. 参与学科资源建设，为学科建设提出建设性意见。

4. 在专职教研员缺位的情况下主持教研工作。

5. 接受市教科院和市教育学会安排的有关教研任务。

五、兼职教研员管理

1. 兼职教研员实行任期制，三年为一个任期，可以连任。

2. 兼职教研员每年需向教科院进行书面述职，接受教科院的考核。

3. 对于不述职、考核不合格者或不接受相关工作安排的，教科院可以解聘。

4. 兼职教研员的工作量由教科院与所在学校协调，以确保兼职教研员正常履职。

5. 兼职教研员的有关费用由教科院发给，发放办法另行制定。

兼职教研员推荐表

姓　名		性别		民族		出生年月		（一寸红底免冠照片）
政治面貌		最高学历		专技职务		行政职务		
毕业院校				所学专业				
申报学科				申报学段				
工作单位				通讯地址		邮　编		
身份证号				现从事专业		从事专业工作年限		
办公电话				移动电话		电子信箱		
主要工作业绩学术成就								
所在单位推荐意见		（公章） 负责人签名：						

注：本表填写一式两份并请附上个人身份证正反面复印件。

教研员成果奖励制度

为鼓励教研员积极进行教科研工作，提高自身素质，促使工作质量不断提升，促进教科研工作走内涵发展的道路，达到"科研兴院"的目的，为教育发展做出更大的贡献。经讨论决定，特制订本奖励制度，加大对教科研成果的奖励力度。

第一类　论文类

职工撰写的教育、教学、教研、教育管理论文，调研报告、案例分析及其他专业文章，在有国家统一刊号的报刊、杂志上发表的，或获得省一等奖以上，给予奖励。奖励按级别授予，具体标准如下。

类别	级　别	金额/篇（单位：元）
发表	正式报刊	600
	中文核心期刊	1000
获奖	省一等奖、国家级二等奖	300
	国家级一等奖	600

注：

1．不包含发表的书画作品、小说、诗歌、散文等文学性作品和其他专业性文章。

2．在增刊、论文集上发表的论文，不予奖励。

3．获奖论文必须是党委、政府、教育行政部门、教育学会、教科院或者单学科年会颁奖的，奖励凭获奖证书授予。论文字数需在1000字以上。

4．若多人合作，则奖金授予第一作者，由第一作者按各人任务多少分配。

5．重复发表或重复获奖的，按最高级别奖励一次，不重复奖励。发表又获奖的论文则按两项奖励中较高的一项给予奖励，不重复给奖。

第二类　编著类

撰写的教育、教学、教研、教育管理著作、光盘，在出版社正式出版，书籍有国家统一书号的，给予奖励。具体标准如下：

类别	字数	金额/部（单位：元）
独立编著	12 万字以上，或一个完整光盘	2000 元
主编	12 万字以上，或一个完整光盘	1000 元
参编	5 千字以上	300 元
参编	1 万字以上	600 元

注：

1．不包含发表的书画作品、小说、诗歌、散文等文学性作品。

2．编著类如是该科目的一套图书，则不论该套编著各册书籍出版时间先后，一整套只算一个成果，只奖励一次。

3．参编光盘的分级奖励，具体看该光盘的容量及参编人员的多少，由院学术委员会现场认定。

4．若多人合作，则奖金授予主编，由主编按参编人员的任务分配。

5．再版的，不再奖励。

第三类　课题类

参加、主持或独立完成的课题研究，获得市一等奖以上的，按级别给予奖励，具体奖励标准如下：

	独立	主持	参加
市一等奖（省三等奖）	600 元	500 元	300 元
省二等奖	800 元	600 元	400 元
省一等奖（国家三等奖）	1500 元	1000 元	500 元
国家级二等奖	2000 元	1500 元	600 元
国家级一等奖	5000 元	3000 元	700 元

注：

1．必须是教育行政部门、教科院等单位组织的课题评比中获奖的课题。

2．教育教学成果，凭成果证书参照本标准给予奖励，同一成果多次获奖的，则按最高等级奖励一次，不重复给奖。

3．参加课题研究的必须在课题获奖证书有姓名方可获奖，排名不论先后均按此标准奖励。

第四类 指导赛课类

在教科研活动中，指导教师赛课，获得省一等奖以上，给予奖励。具体标准如下：

类别	金额（单位：元）
省一等奖（国家二等奖）	200 元
国家一等奖	300 元

注：

1．须提供该参赛课指导教师证书。

2．同一成果多次获奖的，则按最高等级奖励一次，不重复给奖。

其他说明：

1．对获成果奖的个人，将奖励情况记入本人业务档案，作为评定职称、晋级、评优的依据之一。

2．对弄虚作假或剽窃他人教育教学研究成果的，一经查实奖项予以撤消，并收回证书或奖金。

3．未尽事宜讨论决定。

4．本办法自发布之日起实行，最终解释权属学术委员会。

区县教研室基本职责

1．根据中小学教学需要，研究教育思想、教学理论、课程设置、教学内容、教学方法、教学手段和学科教学评价等。

2．根据本地实际，提出执行教学计划、课程标准和使用教材的意见，为教育行政部门决策提供依据。

3．根据地方教育行政部门的部署，组织编写地方教材和教辅用书。

4．组织多层次、多形式的教学研究活动，帮助广大教师执行教学计划，钻研、掌握课程标准和教材，不断改进教学方法，努力提高课堂教学效益。

5．组织开展课题研究工作，总结、推广基于课程标准的课堂教学改革经验。

6．组织开展学科教学的检查和质量评估工作，组织各类考试命题工作，研究考试方法的改革。

区县 教研员工作职责

一、加强政治学习。

认真学习国家的教育政策法规；忠诚党的教育事业，努力为发展本地区教育事业服好务。

二、钻研业务。

学习教育科学理论，提高专业素养和业务水平；遵循教育教学规律，准确把握课程计划、课程标准和教材，不断研究和改进教育教学方法。

三、检查教学工作。

经常深入教育教学第一线听课指导（每人每学期听课不少于 40 节），针对存在的问题分析原因，研究对策。

四、组织开展教研活动。

组织开展公开课、示范课、同课异构、集体备课和外出观摩学习等教研活动，以活动促提高。

五、开展课题研究工作。

每位教研员都要确定一所课题研究基地校，确立研究课题，制订课题方案，开展课题研究。

六、参与校本教研活动。

深入中小学校参与并指导学校的校本教研活动，充分利用教育信息网，开发并整合学科教学资源，参与中小学校本课程的研发工作。

七、培养教学骨干。

通过集体培训、现场指导和传、帮、带等多种形式培养教学业务骨干。不断扩大骨干教师队伍，从而提高教育教学整体水平。

校本教研管理制度

校本教研是以学校为实验基地，以教室为研究场所，以学科教学中的实际问题为主要研究内容，以学校管理者和教师为研究主体，以促进师生共同发展为研究目标的教学研究活动。

为了更好地为校本教研工作的开展指明方向、开拓空间和搭建平台，特制订校本教研工作管理制度如下：

一、全体教研员要牢固树立"三个服务"意识，即为教师的教学服务、为学生的学习服务、为教育领导的管理与决策服务。勤于思考研究、乐于指导交流、甘做铺路基石，与新课改同行，与教师一起成长。

二、各科教研员要以解决教学中的实际问题为目标，突出教研工作的实效性，搞好学科校本教研的规划设计，并积极鼓励一线教师着眼校本教研，走专业成材之路。

三、发挥好教研员的指导作用。各科教研员要参与到普遍性问题的研究中来，以身示范，在当好参谋的同时，发挥好典型带动作用。

四、重视校本教研工作的全员性和基础性，坚持深入学校、深入课堂、深入教师中去，注意收集、总结和推广广大教师的研究成果，使先进的研究成果和教学经验发挥广泛的辐射作用。

五、各科教研员要准确把握全国教育改革和发展的形势，跟踪教育改革和研究的最新成果，预测教育发展趋势，并据此指导中小学校本教研工作。

六、为保障校本教研工作有序、持久地开展，根据各学校实际情况，各科教研员要做好分类指导，实行蹲点包片，定期参加所辖学校的校本教研活动，真正让一线教师在校本教研中得到成长。

教研室工作行为自律制度

为规范全室人员的日常行为，提高教研人员的自身修养和工作水平，不断提高办事效率，树立教研员的良好形象，特制定自律制度如下：

一、要树立求真务实的工作态度，认真、及时地完成领导安排的任务和室内常规工作；要树立负责、敬业的精神，提高办事效率和水平；要养成自觉学习的习惯，不断提高个人专业素养，增强人格魅力。

二、不迟到，不早退，严格请假制度。上班期间自觉做到不打牌、不下棋、不做与工作无关的事。

三、上班期间不上网聊天、不玩电脑游戏，不看与工作和专业无关的报纸、书刊和网页。

四、上班期间要做到仪表端庄、大方；着装要整洁、朴素、庄重、得体。

五、开会、听课、集体学习期间一律提前关闭手机，上班时间无特殊情况，特别是在他人学习工作的时候不打私人电话。任何时候不得利用办公室电话进行私人聊天。

六、接听上级电话时，做好电话记录，并要及时汇报、转达和落实，接听电话要热情、主动，办事效率要高。

七、接待来客要真诚、热情、谦恭，不摆架子，不耍态度。对来客确需招待或需赠送买纪念品时，在请示领导后，按标准安排。

八、同事之间要相互尊重、相互理解、相互支持、相互合作，遇事主动交流，共同探讨，不互相封闭，不相互拆台。

九、正直做人、坦诚待人、公正处事，敬业爱岗。

十、讲话要文明，语言要得体，不传播内容不健康的网络信息。

十一、工作期间严禁饮酒。任何时间、任何场合绝不酗酒滋事。到基层检查、指导、联系工作时不饮酒，有食堂的学校一律在食堂就餐，往返一般坐火车、公共汽车或坐单位职工个人车。不收受礼品和纪念品，不做损害集体或个人形象的事。

十二、外出开会学习或到基层开展活动，都要提前报告请示，并安排好日常工作。活动结束立即返回，并汇报有关情况。

教研工作责任追究制度

教研员代表当地教育工作者的形象，是教师的旗帜，是学科教学的骨干，是教研、教改的带头人，对当地教育教学质量的提高起着重要作用。

为了促进广大教研员端正工作态度，增强责任感，坚定敬业思想，不断提高干事创业的能力，减少工作失误，提高工作质量和工作效率，树立教研员的良好形象，特制订教研工作责任追究制度如下：

一、属于下列情况之一的要限时分析原因，并通过一定方式挽回影响。

1. 学习积极性不高，缺乏专业研究，对教学指导工作不利，造成不良影响的。

①听、评课不认真，评课重点不突出，针对性不强，教育教学理念陈旧，落后于讲课教师的；

②讲课教师有明显的知识性错误而未能指出或指导时自己出现知识性错误的。

2. 对学科骨干教师及教学新秀培养力度不大，指导教师参加市级以上讲课比赛、论文评比、业务竞赛等成绩差，严重影响我市教育形象和教学质量的。

3. 外出学习，不能及时汇报和贯彻落实会议精神，影响整体工作的。

4. 工作责任心差，长时间不到一线了解研究情况，对教师的教学常规中存在的问题置若罔闻，造成不良后果的。

5. 拟定文件、通报、通知不认真，行文格式、遣词造句、标点符号不规范，数字统计、事件表述、问题论证出现明显错误，造成不良影响的。

二、属于下列情况之一的要限时向有关领导说明原因，并形成书面检查材料。

1. 考试命题，试题选拟不科学，出现纰漏，甚至于出现知识性错误，造成严重影响的。

2. 不遵守工作程序，擅做主张，造成教研室工作被动，并造成严重影响的。

3. 有意泄漏教研室有关保密资料造成严重后果的。

4. 外出学习时不认真，误传会议精神，或因对接收到的信息不能及时上报、传达，致使教研室决策失误的。

教研员工作目标及考核细则

为了进一步明确教研员的工作目标和任务，提高教研员自身素质，充分发挥教研员在学校教育教学中的"研究、引领、指导、服务"作用,提高教研工作的实效性,特制定教研员工作目标及考核细则。

一、教研员工作目标

1、教研员要有务实的工作作风和开拓创新的教研理念。不断加强自身学习，提高教研能力和服务水平。每学年每位教研员要撰写 2 篇高质量的调研报告，撰写 1 篇高质量的教研论文或教研活动信息，并发表在市级以上报刊或市教研网站上。

2、要指导本学科教师积极申报教科研课题，认真指导教师的课题研究工作。同时教研员要有一项自己牵头抓的研究课题，每学期深入基地校指导研究工作不少于 2 次，指导过程要有记录。

3、教研员必须完成好分别在寒暑假组织的教研室内部一年 2 次的讲座任务，讲座质量要高、内容丰富并切合实际。

4、在条件和时间允许的前提下，教研员应完成"执教示范课" 1 节的任务。

5、积极参加每学年 2 次的集中调研视导工作，主动深入课堂指导教育教学工作。每人全年听、评课 80 节以上。

6、要组织开展多层次的教学研讨活动，积极做好"送讲座下乡"活动，每学年每位教研员面向一线教师做讲座 2 次以上。

7、要积极为教师搭建交流学习的平台，每学年组织学科教师参加观摩课、示范课或研讨课活动 2 次以上。

8、按时组织师生参加上级业务部门部署的本学科师生竞赛活动，参与率达 100%。

9、每学年有计划有目的地深入学校指导校本教研活动不少于 2 次，指导过程有记录。

10、教研员要积极主动地完成领导交给的其它临时性的工作任务。

教研员深入学校推进课程改革工作制度

为了加强高中新课程教学常规管理，推进新课程改革，不断深化高中课堂教学改革，根据有关规定，结合实际，特制定本工作制度。

一、指导学校制定学科教学计划

各学科教研员要指导学校从课程标准和教材要求出发，结合学生实际确定教学目标和措施，具体要求如下：

1. 既要关注学生知识技能的发展，又要关注其情感、态度、价值观等方面的培养。

2. 要充分体现为了学生的发展进行组织教学的原则，根据新课程理念和要求，教学的组织形式和教学方法要体现有利于学个性发展。

3. 突出学生的主体地位，把学习的主动权、自主权交给学生，努力培养学生主动学习、独立思考、大胆质疑的精神。教师的教是为了促进学生的学，教服务于学。

二、指导学科教学设计

1. 组织集体备课。组织同学科教师合作备课，鼓励不同教法的实验与创新。

2. 织组学科研讨。深入学校组织教师钻研课程标准和教材，分析教材的结构体系、内容和编写意图，确定教学目标和基本要求，精心预设适合学生发展的教学过程。

3. 加强学法指导。在学法指导上要鼓励学生进行自主学习、探究学习和合作学习。

三、指导课堂教学

课堂教学是教学工作的中心环节，是落实素质教育，提高教学质量的主要途径。指导课堂教学要求教研员按照集中听课、个别交流、学科反馈、整体体反馈和综合评价五个步骤进行。

四、学科专家组引领

各学科教研员要开展好学科专家组主题活动，每学期到少开展主题活动一次，活动要以"学科研讨"、"同课异构"、"高考研讨"、"课堂教学展示"等为主题，充分发挥专家组的引领作用。

五、加强备考指导

各学科教研员要积极开展高考备考指导工作，开好本学科的备考研讨会，作好试题命题方向的研究工作，随时通过网络发布最新信息，做好本学科的分析报告。

六、做好"协作体"课题研究工作

要求有条件的教研员建立本学科课题研究协作体开展研究工作，并做好阶段性总结工作和研究成果的推广工作。

七、加强对课改试点校的指导

各学科教研员要经常深入课改试点校，指导学校的学科教学工作，与课改试点校共同研究新课堂背景下的高效课堂教学模式。

学校教育科研奖励制度

学校鼓励教师努力提升教育教学质量,积极从事教育教学研究,辅导学生参加各级各类比赛。学校教科室为教师奖励管理常设机构,凡取得成果者,于每学期末,持获奖证书原件、复印件或作品原件、复印件到教科室登记,学校将按本制度给予奖励。

第一部分：奖励基本原则

一、全体教师应积极参加教育行政部门组织的各项比赛，鼓励参加学术团体组织比赛，但奖励标准不同；

二、全体教师应积极争取各项赛事一等奖，学生获一等奖按实际人数计算，其他奖级则按一人计算；

三、团体赛事以牵头人负责制发放奖励，牵头人有权按实际贡献分配；

四、应努力争创高级荣誉，获最低奖者不再奖励，设特等奖则等同一等奖。

第二部分：综合性奖励发放条件及标准

一、三优教师（学科带头人、骨干教师、教育教学能手）

具体方案另行制定，奖励标准为人均 600 元/年。

二、中考质量奖

具体方案每年初三工作会议制定。

三、工作质量奖

肄业班老师以及职员根据教师量化考核量表，排名前三分之一为一等，后五分之一为三等，其余为二等，分类发放教师奖励。

四、评先评优奖励

年度考核评优人均 400 元，年度优秀班主任人均 400 元，优质服务奖、教学新秀、优秀党员、优秀党务工作者等人均 200 元。

第三部分：艺术体育奖励发放条件及标准

（一）体育类（省、市教育局牵头组织比赛）

1．田径类：参加市级甲组比赛并保甲成功的前提下：

团体总分 50 分以上：每分 120 元；团体总分 20--50 分：每分 80 元；团体总分 20 分以下：每分 60 元。

2．其他类：

A、参加教育行政部门举办的比赛：

团体项目：

第一名：3000 元第二名：2400 元第三名：1600 元第四名：1200 元

第五名：1000 元第六名：800 元第七名：600 元第八名：400 元

个人项目：

第一名：500 元第二名：450 元第三名：400 元第四名：350 元

第五名：300 元第六名：250 元第七名：200 元第八名：100 元

说明：既有个人项目，又有团体项目的取最高值计算。

B、体育协会或其他组织举办的比赛总奖金额最高为 500 元。

（二）艺术类：

个人项目：特等奖（一等奖）：200 元二等奖：80（按一人计算）。

参加省级比赛在市级奖励的基础上乘以 1．5。

参加国家级比赛获奖另算。

（三）以班级或年级为单位代表学校参加的教育行政部门举办的市级以上比赛

特等奖（一等奖）：800—1500 元

注：社会部门组织的比赛总奖金额最高为 500 元

说明：1．由奖励代替加班；2．取得重大成绩突破的，另行奖励；3．有特等奖的视为一等奖；4．所有比赛成绩等第除去最低档计算

第四部分：教育科研奖励发放条件及标准

一、论文

1、奖励条件：

①在报刊上发表的属于教职工工作性质的专业论文或宣传学校的通讯报道。发表文章的刊物必须是有正规刊号、按期出版的杂志或报纸（不含杂志社的增刊及报刊杂志上的测试题）；

②参加论文竞赛获奖。各级教育行政部门、教科院所或其所属的正规专业委员会为主办单位的各类评奖的获奖文章；

③同篇文章获得不同级别、不同类型奖励的,按单项应得最高奖发放奖金。

2、奖励标准：

（1）发表文章：

	教师刊物论文或通讯报道	学生刊物、通讯报道或只有内部刊号的面向学校（教师）的刊物	奖金
A 类	2000 字以上	/	200 元/篇
B 类	1000—2000 字	2000 以上	150 元/篇
C 类	600—1000 字	1000—2000 字	100 元/篇
D 类	600 字以下	1000 字以下	60 元/篇

（2）获奖文章：（级别指各级教育主管部门、教科院或学校；设特等奖的比赛，特等奖视同一等奖，依此下推。）

级别	国家	省级	市级
一等	300	150	100
二等	200	100	50
三等	100	/	/

二、课题

1、课题认可条件：指在各级教科院、电教馆或学校正式立项的课题；

2、课题研究津贴：每期经学校教科室组织的课题评估小组检查合格的课题，按国家级 800 元/年、省级 500 元/年、市级 300 元/年、校级 100 元/年发放基本研究费，每个课题不论级别按实际研究人数另发 50 元/年·人给课题组，由课题负责人支配；（各级课题的子课题按标准折半发放）

3、课题获奖奖金：（教科院立项课题按下表发放，电教馆等其他教育机构立项课题按下表标准的 60%发放）

	国家	省级	市级	校级
一等	5000	3000	1000	400
二等	3000	1500	500	200
三等	1000	500	/	/

三、各类比赛

1、赛课：

	国家	省级	市级	校级
一等	2000	1000	400	100
二等	1000	500	200	50
三等	500	/	/	/

2、公开课：教师在由教育行政部门或教科所组织的学术活动中上公开课的，按省级500元/节、市级200元/节给予鼓励。

3、说课、课件、微课制作比赛：奖励标准折半计算。

四、辅导学生竞赛

1、学校的各类学生竞赛辅导，采用主教练负责制。竞赛获奖的奖金由主教练根据学校有关规定分配和使用。

2、学校对经教科室同意开办的竞赛辅导班实行实时管理，给辅导班的教练员发放课时津贴费，具体发放办法由教科室比照兴趣性校本课程标准确定。

	A 等	B 等	C 等	D
50 人以上	150	100	60	40
50 人以下	100	60	50	30

3、学生奥林匹克竞赛获奖，学校按以下规定给相应教练员发放奖金：

①由市教育行政部门组织的正式比赛决出的名次算市级；由省教育行政部门组织的正式比赛，由省内各市、县选拔选手决出的名次算省级；由国家教育部、科技部或国家级科研院所组织的，在全国范围内由省选拔选手决出的名次算国家级；参加国家代表队代表国家在国际奥赛中获得金银铜牌的算国际级。所有按赛区取名次的，降低一个等第

发奖。分有初赛、复赛的，以复赛为准。

	国际	国家	省级	市级
一等	10000	8000	3000	200
二等	8000	4000	1000	100
三等	3000	2000	200	/

②教育行政部门组织的其他竞赛，按数、理、化、生、计算机奥赛标准折半计算，非教育行政部门组织的竞赛酌减。

③科技或劳技比赛：（最高奖按 1 人计算，其余酌情计算。）

	国家	省级	市级
一等	400	200	100
二等	200	100	50
三等	100	/	/

④外语口语、作文竞赛或小论文竞赛：（最高奖按 1 人计算，其余酌情计算。）

	国家	省级	市级
一等	800	300	100
二等	300	150	50
三等	150	/	/

五、指导学生

指导学生在公开发行的刊物上发表习作,且注明了指导老师的,按省级 50/元篇奖励指导老师。

六、其他

1、在教育行政部位或教科组织的研讨会上作中心发言者，按省级 200 元、市级 100 元给予鼓励（有书面打印材料）；

2、省、市、校优秀教研组按 500、400、300 元标准发放，团体竞赛同比。

长沙市中小学校优秀教研组评选条件

1．认真贯彻执行党和国家的教育方针、政策、法令。认真执行上级教育主管部门和学校的规定，有计划的学习教育教学理论和专业知识，及时传播交流有关教改信息动态，较好地掌握了课程改革理念，教与学行为转变明显。积极参加上级教育行政部门和教研室组织的教研活动。

2．学科教学业务管理规范。近两年来，每学期都有切实可行的教研组计划。深入钻研课程标准（大纲）、教材，制订各年级的教学进度计划。定期评估组内教师的教学情况和学生的学习情况，及时组织科学的教学质量分析与反思，分析资料齐全。教学质量较高，受到同行的肯定和学生、家长的认可。

3．积极开展教学研究活动，开展校本教研积累了一定的经验。经常开展集体备课活动且有主题、有记录、有特色、有实效。经常开展观摩教学、经验交流等活动，听课评课15节以上。针对本组实际，组织有创新性的教研活动。

4．积极进行教学改革实验。围绕教学思想、教学内容、教学方法、教学手段等方面开展课题研究，有改革实验项目，并有实验计划、实施方案、实验课题总结（或阶段总结）及鉴定意见等，注重案例分析和行动研究。

5．全组教师互帮互学、团结协作，凝聚力强，在学校的教研组建设中有示范作用。积极进行业务进修，重视教师的专业化发展，教师整体素质较高，教学水平和教学能力不断提高。组织综合实践活动取得较好效果。

6．教研组长有较高的政治思想水平和较强的业务能力，作风正派，有创新求实精神，在组内有较高威信，能团结和带领全组教师共同提高。

7．教研组有固定的办公室或活动地点，有较好的办公和教研条件。

8．除具备以上条件外，必须同时具备以下条件：

（1）组内任课教师的学历达标率为100％；

（2）近两年以来至少承担过一项市级或市级以上教研课题，举行过至少一节市级公开课，至少有一篇教学论文获得过市级二等奖或二等奖以上奖励；

（3）教研组的教学研究制度健全，对于青年教师的培养制度完善、措施得力、效果明显，能够自主开展校本教研；

（4）近两年以来承担过研究性学习的指导工作；

（5）近两年以来组内教师无违犯师德规范及严重违背教育教学规律现象发生。

9．奖励加分项目

近两年以来，取得以下成绩的教研组在评选时另外加分：

（1）组内教师获教育主管部门的表彰；

（2）组内教师在市级以上评优课获奖；市级以上论文获奖或在市级以上刊物发表；

（3）辅导学生参加有关竞赛获市级一等以上奖励；

（4）开发和建设校本课程取得一定成效。

中小学优秀教研工作者评选条件

1. 认真贯彻和执行党的教育方针政策，为人师表，遵纪守法，具有良好的思想政治素质和职业道德。

2. 爱岗敬业，关爱学生，为人师表，教书育人。

3. 参评教师教龄必须在 3 年以上，或是区、县（市）级以上骨干教师。

4. 教研教学实绩突出，教学工作有特色和创新。近 2 年有市级一等或省级二等以上论文或在省级以上刊物发表；主持或参与市级以上立项课题的研究；教学成绩在区、县（市）名列前茅。

5. 积极参加各级教研活动，每年至少参加一次市级组织的教研活动；在市级以上教研活动中从事主持、主讲、经验交流或上研讨课；或积极为教研活动献计献策，为教研事业的发展做出了一定贡献。

6. 团结协作，敬业奉献，服从学校工作安排，勇挑重担，在学校带头做好校本教研工作。

讲座讲话

在教育科研课题成果展示交流会议上的讲话

同志们：

今天，我们在这里召开教育科研成果展示交流会议，主要任务是展示交流过去一年来的教育科研课题工作，肯定成绩，表彰先进，深入分析工作中存在的突出问题，明确今后一个时期我市教育科研工作的基本思路和任务，统一思想，科学规划，充分发挥教育科研在教育事业发展中的先导作用，大力推进我市教育事业的持续健康协调发展，不断提升教育的核心竞争力。下面，我讲两个方面的问题。

一、我市教育科研工作的发展与成就

我市的教育科研工作得到了较快的发展，成绩突出，效果明显，新的教育科研理念初步形成，新的教育科研思路开始确立；重大课题研究取得了较为显著的成效，涌现出了一批成绩优异的实验点校和素质优良的科研骨干；教育科研开始贴近教学改革，对促进教育决策的科学化、民主化发挥了应有的作用。

一是科研意识明显增强。 近年来，我市的教育科研工作稳步发展，成效明显。广大教育工作者的科研意识日趋浓厚，依靠教育科研进行管理决策已成为一些领导者的自觉追求，"科研兴教"、"科研兴校"的思想深入人心，"问题就是课题，反思就是研究，成长就是成果"科研新理念已经形成，各学校贴近教育实践，积极开展课题研究活动，取得了较好的成效，初步尝到了教育科研的甜头。一些学校通过承担国家、省、市级重点课题研究任务，依靠教育科研提高了学校的办学层次。同时，广大教师积极投身教育科研活动，通过行动研究来反思教育实践，提高了研究能力，加快了专业成长。

二是各级课题研究进展顺利。 今年，我市共立项了国家级课题 2 项、省级规划课题 42 项。承担人员认识到位，工作认真，无论课题立项、开题、实验研究还是课题管理、档案建设，都有很大的提高。大多数课题能按计划正常运行。这次，根据《教育规划课题管理办法》，又审核立项了市级规划课题 110 项，希望所有立项单位和个人，能珍惜

机会，着手开展实际研究。

三是教学研究重心逐渐下移。近年来，我们把校本教研作为推进新课程改革的一项基本策略，积极探索校本教研的基本思路和有效形式，深入开展形式多样的校本教研活动，初步形成了"面向基层、重心下移、关注实践、走近教师"的校本教研理念，快速提高了学校的办学质量和水平。

四是教育科研服务教育决策。针对我市教育发展中的现实问题，市教研室深入调研，广泛征求各个方面的意见，形成了相应的教育对策，为教育决策提供了重要的科学依据。经过一段时间的实践与探索，我们在教育科研工作中积累了一些经验，主要有三条：第一，与时俱进，准确定位，是搞好基层教育科研的关键。课题研究必须为教育教学实践服务，实实在在地解决我们教育教学中的突出问题。第二，实施重大课题研究战略，是拉动教育改革快速发展的重要手段。

当然，在肯定成绩和总结经验的同时，我们也应该清醒地看到，我市教育科研工作中仍然存在着许多迫切需要解决的突出问题，一些校长、教师对教育科研、教学改革缺少积极参与、主动创新的自觉性，不能把实践中所遇到的问题作为课题进行研究。对这些问题，我们应予以足够的重视，在今后要采取有效措施、切实解决好，从而真正把教育科研工作做实、做细、做出成效来。

二、对未来教育科研工作的要求和任务

随着教育工作由"经验型"向"科研型"的战略转变，教育科研工作的重要性更加突出。今后一个时期的主要任务是以"科研兴教"为主题，以有效服务教育决策、改善教育实践、促进教师专业成长为目的，立足新一轮课程改革，普及教育科学理论，加强科研队伍建设，扎实开展课题研究，努力构建科研、教研、培训、教改"多元一体"的教育科研运行机制，促进教育科学事业的繁荣发展。

一是强化研究理念。学校要建设研究文化，就是要根植研究理念，建设主动发展、主动研究、主动创新的工作文化和学习文化，使得研究成为校园新常态。使得学校成为鼓励创新、大胆实践、不断反思、追求特色、合作共享、充满活力和具有不断自我更新能力的研究型成长共同体；建设崇尚研究的教育文化，以课程建设、创新型人才培养和不同学段有效衔接研究为着力点，增强内部的文化向心力、培养学生共同特质。

二是强化课题引领。以全体教职员工为骨干，同时吸纳具有研究素养的学生团队和社会力量，广泛开展校本课题研究，将重大课题研究与学校中心工作推进有机结合；以课题研究为统领，强化对教师、学生课题研究的理论培训、方法指导与物力财力扶持，提升全校师生课题研究的惠平和能力；通过行动研究，及时解决困惑和问题，总结经验教训，探究教育规律。

　　三是强化微型实用。从小课题出发，正是我们务实的体现。解决了小问题，正是为了清理那些令人讨厌的隐藏在华丽袍子里的"虱子"。山不在高，小课题是撬动学校的"支点"，水不在深，小课题能解决制约学校教学的"大问题"。当前的教育科研发展已呈现出三个重要的趋势：一是走向校本。二是回归实践。三是聚集课堂。

　　四是强化成果推广。强化教研任务驱动，开展论文征集活动，编好学术期刊，分类组织学习分享活动；物化课题成果，组织各种形式的课题研究成果推广会，将教师研究成果转化为教学生产力和教育力，将学生研究成果转化为学习力和发展力，提升师生的成就感和学校的自主创新能力，为学校的多样发展、特色发展和优质发展提供经验和借鉴。

　　同志们，新形势下的教育科研工作肩负着重大使命，任重而道远。各单位要按照市教育发展十三五规划确定的工作思路，结合自身的实际情况，科学规划，真抓实干，开拓创新，再创佳绩，努力提升教育改革的科学含量，逐步实现我市教育工作由"经验型"向"科研型"的战略转变。

　　谢谢大家！

关注教师心理 促进教师成长

民族的希望在教育，教育的希望在教师。教师的心理健康水平直接影响着学生的身心健康和成长。而近年来，教师的心理健康状况却不容乐观。

一、教师心理健康问题的现状、表现及负面影响

据中国人民大学公共管理学院组织与人力资源研究所和新浪教育频道联合启动的"2005年中国教师职业压力和心理健康调查"，资料显示：有38.50%的被调查教师的心理健康状况不佳，只有28.80%的被调查教师心理健康状况比较好。

教师心理健康问题的负面影响主要体现在三个方面：

第一、教师心理障碍会直接影响到学生身心健康发展。作为教师的内部基础的教育心理环境是否稳定、是否乐观和积极，将影响整个心理状态，左右行动，也关系到教育、教学效果。调查显示，教师的心理状况会直接影响到学生。拥有愉快心情的老师，所带的学生性格普遍开朗；而爱猜疑的教师，班里学生"打小报告"的现象就多；有强迫倾向的教师，很容易让学生精神紧张。教师在学生成长历程中所起到的作用至关重要，他对学生的影响不仅仅是在学生上学期间，甚至可以影响到这个学生的终生。

第二、教师心理障碍也会直接影响教师本人的健康与幸福。教师心理健康问题，不仅对学生产生不良影响，还直接困扰着教师本人，对其身心健康产生不良影响，甚至间接影响到其家庭生活的幸福。事实也证明有很多教师因工作压力大而导致心理健康问题的产生，危及到了他个人及家庭的正常生活，严重的还促使其的婚姻和家庭的破裂，也带来了一系列的社会问题。

第三、教师心理障碍还给学校教育教学管理工作造成不良影响。教师是学校教育教学工作的主体，教师良好的心态和健康的身心是保证学校教育教学等各项管理活动顺利开展并取得成效的保证。学校里教师心理健康，教师心态良好，学校工作就开展得顺畅，管理容易做就到位，教学秩序就会良好，教学质量就会得到提高；相反，学校里的各种就会处于被动状态。因此，有效克服教师心理障碍，塑造教师良好心态，应该成为学校各项管理工作中的一项重要工作。

二、教师心理健康问题产生的原因

教师因其所从事职业的特殊性，其心理问题产生的原因，在某种意义上显得更为复

杂。这里既有客观原因，又有主观原因；既有共性因素，又有特性因素；既有内部压力，又外部压力；既有宏观方面，又有微观方面。众多因素相互交织，共同作用，最终导致了这个不容忽视的问题。

（一）生理因素

影响教师心理健康的生理因素主要是两个方面：一是遗传因素的影响。神经系统属弱型的人，他们往往比神经系统属强型者在产生冲突面前更易产生相应的疾病；同时，遗传所形成的生理解剖特征在一定程度上也会成为心理问题产生的原因。身体过于矮小、长相较差等会使教师产生自卑、封锁等心理问题。二是身体健康状况不佳的影响。临床发现，多数身体健康不佳的人都有不良的心理反应。支气管哮喘、消化性溃疡、呕吐、心动过速、头疼等疾病都会引起心理失常、精神萎靡，并导致心理障碍的产生。

（二）环境因素

影响教师心理健康的环境因素主要有两个方面：

一是物理的和物质的环境。研究表明，在高响度的噪音条件下，教师的视感受性降低，并伴有情绪烦躁、激动易怒的不良心理反应；在光线过强或过弱的环境下工作也会使教师视感受性降低，使教师产生焦虑、愤懑、烦躁等不良情绪反应。

二是社会环境，主要有：

第一、有形的压力——制度与现实的碰撞。教育体制改革挑战教师的心理承受力。研究表明，压力是影响心理健康的主要因素。近年来，我国的教育体制正在进行着全面改革，诸如职称评定、骨干评选、教师聘任、考核排序、按绩取酬、末位淘汰等等，这是前所未有的压力。而与这些调整和变化还不能完全适应、或者说与社会上某些经济效益较好、发展空间较大的高收入行业和隐性收入较好的高地位行业相比较还有较大差距的就是中小学教师的收入相对较低。高付出、重压力、低收入、高消费之间的矛盾是实际生活中无法回避又难以解决的问题，物质利益得不到满足，其他如发展与价值实现的需要、尊重与认同的需要、人际交往与社交活动的需要等都难以实现不，甚至有相当一部分青年教师的工资收入难以维持正常的生活需要，连生存的需要都不能保证。这些对于一些心理比较脆弱的教师则很难避免会导致心理不平衡、心态不平等。从业压力越来越大，这些都使得一部分教师处于焦虑和危机之中。

第二、无形的枷锁——升学率的重负。在实施素质教育的今天，教学成绩始终是衡量学校办学质量的重要标准。来自各方面的压力最终落在教师的身上，尤其是社会和家长对学校升学率的过高期待。为了提高教学质量，学校当然要制定出各种规章制度、奖惩条例，其重负还是落在教师身上。面对家长的望子成龙期望和学校的以升学率论高低的标准，教师只有在这根无形绳索的束缚下，拼命地工作。考不完的试，做不完的活，操不完的心，压得教师们透不过气来，整日心绪不宁！反映出当前教师教学任务繁重、升学压力过大、工作超负荷的现实和生存状态。长时期的体力上过于辛苦势必会使心理不堪重负。

第三、新的挑战——新课改的推行。《新课标》的实行，培养了学生的自主性和创造性，同时也增添了教师的工作负荷。它意味着教师要放弃原来熟悉的教法，重新获得新的技能，采用新的教学方式，帮助学生获得新的知识和技能。

（三）心理因素

影响教师心理健康的心理因素主要有三个方面：

第一、过高的期盼。受中国传统文化思想的影响，人们认为教师这个职业承担着光荣而神圣的使命---传道、授业和解惑，而承担这一使命的人---教师就是无所不会、无所不能，是正义和智慧的化身，要求教师为人师表、高尚圣洁的圣人。这种认识，对提升教师的业务素质、思想认识、道德观念都有起着积极的促进作用。但另一方面这种认识和评价体系无形中对教师却是一种压力，"无时不有、无处不在"，而对教师来讲却不可能完全做到。

第二、不良的情绪反应。研究表明，教师经常性的易激动、愤怒、焦虑等情绪反应会使教师心理产生失调，如思维不灵活、反应迟钝、记忆力受压制等，同时，还可能导致不良行为反应，诱发身体疾病。

第三、某些不良的个性特征。研究表明，不良个性特征对人的心理产生很大影响。这些不良个性包括：心胸狭窄、意志脆弱、过于争强好胜、性格内向、过于敏感等等。目前教师中存在的主要问题包括两个方面：一方面是过于强调用外在标准来衡量自己的价值，如社会地位、工作待遇等等，由此产生自卑感等各种消极心理；另一方面，自我期望过高，设定的目标超出了自身的能力范围，由此导致职业压力过大，同时在实现目标的过程中易于陷于焦虑和自卑之中。

三、解决教师心理健康问题的对策

针对教师心理健康方面存在的各种问题，必须采取切实有效的对策来提高教师心理健康水平，而全面提高教师心理健康水平又需要全社会、学校和个人的共同努力。

1、营造良好的社会环境。中华民族具有尊师重教的优良传统，这些良好的社会教育环境，为促进教师的心理健康和发展提供了好的教育环境。在市场经济的今天，更需要全社会关心教育、关心教师的成长，对教师的工作给予更多的理解和宽容，努力构建学校、家庭、社会三位一体的教育网络。

2、关心教师的成长。努力打造一支"政治坚定、师德高尚、学术精良"的教师队伍是办好学校的关键。因此，学校管理者要积极创制条件，充分调动教师的积极性，使教师心情愉快，各尽其才，各得其所。学校的领导者要尊重教师的权利，维护教师的合法权益，高度重视和关心教师的心理健康。学校的员工要互相关心，互相帮助，共同进步。学校的工会组织要通过组织联欢会、假日旅游活动、教代会和教师心理健康研讨会等丰富多彩的活动和形式，让教师广开情感宣泄的渠道，促进良好人际关系的形成，增进教师的身心健康。

3、**教师要学会自我诊断、自我调节、自我保健、加强自身修养**。每个教师，都具有自己特有的气质、性格、能力、兴趣、注意、记忆、思维、感知等心理因素。教师对这些因素的认识和评价，影响着教师的行为。教师有无正确的自我评价，是衡量教师心理健康的标志之一。教师要保持自知之明，对缺点不掩饰，对优点不夸大，不缩小，保持自己心理平衡状态。做到在挫折、困难面前不低头，既经得起失败，又经得起胜利的考验。要学会善待自己和善待别人。教师自身也应该自觉提高心理保健意识和技巧，加强耐挫力的培养和锻炼，不断完善自己的人格。在师生关系中尽量减少对学生的烦躁情绪和过激言行。

4、**拓展兴趣爱好，保持乐观心态**。有广泛的兴趣爱好可以消除疲劳、解除苦闷、松弛情绪、焕发精神、陶冶情操，而新的兴趣、新的眼界，有利于扩展教育思路，新的活动、新的知识，有利于教学上的成功。一个尽职的教师是非常辛苦的，需要休息和放松。充当"无所不能"的教育者形象的确使人精疲力尽。因此，教师可以试着在假期做一份其他领域的工作。新的工作体验不仅能使教师得到放松，而且可以开阔教师的视野，增加教师的知识面。教师可以把从其他工作体验中获得的经验、积极情绪带到教育工作中来，更好的促进教育工作。

教师肩负的是人类灵魂工程师的神圣职责，教师扮演的是为人师表的重要角色，教师的工作是一件关系到人的成长与发展的极为复杂的职业，教师的心理健康对学生的发展必将产生极其深远的影响。展望未来，如果社会、学校、教师都来重视教师的心理健康问题，那么我们的教育事业一定会走向更加美好的明天。

促进中小学生人际交往能力的讲话

老师们，同学们，大家早上好！

今天，我们交流的主题是：晴朗的天空来自心与心的交流。

平坦的河道，也存在触礁搁浅的危险；晴朗的天空，也有乌云密布、大雨倾盆的时候。我们的生活又何尝不是这样呢？成绩的起伏，人际关系的变化，生活的烦恼和困惑，身体的疾痛，让生活变得不再简单。那么，我们该怎么办呢？

除了以一种顽强的精神去应付困难，我们还需要被理解和关怀。这需要真诚的交流，它就像机器的润滑剂，不可或缺。《假如给我三天光明》的作者海伦·凯乐深受大家的喜爱与敬佩。我们都知道，幼小的海伦在失去知觉、视觉的寂静与黑暗之中独自忍受着孤独，变得孤僻、固执。但她的老师却如一缕温暖的阳光，用心开导她，用爱滋养她，使她敞开了心扉，接受了这美丽的世界，用心去看世界，最终成为了掌握五种语言的伟大女作家。这一切，都离不开凯伦的老师与她心与心的交流。有句歌词唱到："生，是为了证明爱存在的痕迹。"这爱，便是来自心与心的交流。

也就是说：交流，让我们感受到爱，让我们体会生命的意义，缓解生活的压力。交流，也是与他人互换思想。英国大文豪萧伯纳说："你我是朋友，各拿一个苹果彼此交换，仍然各有一个苹果；倘若你有一种思想，我也有一种思想，彼此交流，那么我们每个人就有两种思想了。"

我们总希望别人靠近自己，关怀、理解、帮助自己。其实，别人也同样需要。那么，就把交流从那遗忘的角落拾起来吧！朋友间可以有心与心的交流，它与财富无关。古人有训：君子之交淡如水，小人之交甘如醴。君子之交是心与心的交流，是一种与天共存的默契，如丝缕般交织在一起。

本学期在初中开设了心理健康课，我们交流了两个观点，大家看是否适当。关于网络交往，我的观点是：网络是工具，而不是玩具。如果你今天玩网络，明天你将被网络玩。关于早恋，我给它下的定义是：在一个错误的时间做一件正确的事。事情再美好，时机不对，也会得不偿失。

同学们，我们年轻，但不能任性。心与心的交流，是必须付出真情实感的。

陌生人可以有心与心的交流，它与国界无关。当"同一首歌"走向国外演出时，"千手观音"这一绝妙的舞蹈让全场观众禁不住站起来拍手叫好。艺术来自心与心的交流。当奥运会上，无论什么肤色，无论什么国家的运动员，比赛前都能与对手友好击拳，比赛中表现出来的友谊、团结、和谐的境界，来自心与心的交流。

亲人之间需要心与心的交流，它与年龄无关。父母们渴望交流。父母与孩子之间出现代沟，付出的爱却不被理解。父母们心想："怎样才能让你接受我们的关心，如何才能让你了解我们的心愿……"我们也渴望父母和我们共享校园生活的乐趣，体验我们成功的感受，同时也需要为我们缓解压力。

师生之间需要心与心的交流，它与身体无关。我们愿意向年轻的老师述说自己成长的困惑，愿意向中年老师讲述生活的烦恼，我们更愿意同他们探讨人生的价值，学习的目标和方法。

交流，是美丽的。两条平行线，无尽延伸，一旦交流，便有了无数的交集。几汪潭水，平静无波，一旦交流，便奏起了欢快的流水交响曲。而人与人之间心与心的交流，更是一种结晶，一种升华。它能劈开乌云，让漫天阴霾化作晴空万！衷心祝愿同学们在校园生活中，享受心灵沟通的幸福，做阳光、快乐的新少年！

中考考前心理动员讲话

亲爱的各位同学：

大家早上好！

六月骄阳似火，这注定是一个挑战青春的考试季。刚刚送走高考，还有几天就要迎来中考了。此时此刻，初三的同学你的心情如何？是期待、紧张、兴奋，还是百感交集？初中三年的奋斗，特别是中考前的点点滴滴，正是这一切的努力，将轻轻的把你推向了人生的又一个彼岸。"中考，四分考实力，六分考心理。"就是说一个人心理调节成功与否，将会极大的影响到他的中考成绩。在剩下的时间里，重要的不再是知识掌握的多少，要弥补也是有限的。更重要的是大家的心态调节，能否把掌握的水平充分地临场发挥出来。这就是考试最大的智慧。

第一、请保持健康心态，勇敢面对中考。中考，作为国家向高一级学校选拔优秀人才的一种方式，其意义固然重大，在很大程度上的确决定着一个人的命运。因此，有些考生对此感到有一定的心理压力和紧张情绪是很正常的。但是，这种想法要适度。任何考试，不会以任何人的意志为转移，无论你喜欢还是惧怕，它都要发挥着应有的功能，我们每个考生只不过是当中的参与者，大可不必紧张、焦虑，否则只能造成不应有的心理负担，给自己带来不良后果。中考，说到底就是一场考试。考试对于我们同学们来说，是再熟悉不过、再平常不过了，它不值得我们大惊小怪的，我们要从战略的角度上藐视考试。因此，中考时，我们只要尽可能地发挥出自己平时的水平就是成功，不要对考试期望太高，奢望超常发挥。每个考生一定要本着"一颗红心，两手准备"的平常心态，从容的走向考场，勇敢地面对考试。

第二、考试前注意饮食与睡眠。有人说，考试那天我要穿红衣服，喝红牛，这些都是一种心理暗示作用。其实，我们只要做好合理饮食、休息恰当。1. 合理饮食。多吃些新鲜可口、易消化、易吸收的食物，注意适时休息，养足体力，不搞剧烈运动，以静为主。但可以散散步、听听轻音乐，放松一下神经。但严禁剧烈运动，避免出汗受凉引起感冒甚至发生意外伤害影响中考。也不要参加社交活动，不走亲访友，确保身体健康和情绪稳定。2. 合理睡眠。科学研究表明每个人一天二十四小时中大脑的兴奋期和抑制期是呈波浪形的，即一段时间的兴奋期之后，必然是相对的抑制期。显然，如果中考时间在我们大脑的兴奋期，那是再好不过的。事实上，平时我们同学中有不少这种现象，夜越深，大脑越兴奋，要知道，考试肯定不会放在晚上。因此，我们在中考前几天就应调整好作息时间，晚上九点半睡，第二天早上六点左右起床，中午进行午休，如此调节生物钟，让我们大脑的兴奋期与中考时间同步，这样，我们就等于提前进入了角色，有利于考试时水平的正常发挥。另外，睡前不要喝茶、咖啡等刺激性的饮品，防止因大脑兴奋而引起失眠，更不必要想着失眠这件事，全身放松，思想宁静，不必要刻意多睡眠。如果一旦失眠，科学研究表明，也不会影响知识的回顾，第二天可以照常考试。

第三、科学面对考试焦虑。心理上的充分准备，其意义不亚于对知识的准备。有些考生尽管在道理上很明白，但在考试前或者考试过程中仍然会出现不同程度的焦虑情绪。事实上，考试前的紧张是避不可免的。考试前紧张的心理状态是正常的，是可以理解的。但是，紧张情绪毕竟不利于考试，下面介绍一些有效的调适方法：首先，要调整好考前的心态。要坚信自己通过三年的学习，特别是这个学期的总复习，已经较好地掌握了初中的知识。天道酬勤，我们往日苦读的汗水一定会换来中考的成功！我们尽管放下包袱，轻装上阵。要反复地积极地暗示自己：我有实力，我能成功！我已准备好，就等这一天！2、克服焦虑情绪。考试焦虑主要表现为精神紧张，反应迟钝，引发记忆障碍，严重的出现头晕、恶心、手脚发凉、血压升高等症状。事实上，我们根本用不着焦虑。因为，第一，中考的试题都是我们在初中阶段学过的东西，不会超越我们的知识范围，最多就是转换了一个角度，或是要你用学过的知识去解答某种现象，只要你从容地、有序地打开你记忆的闸门，合理地、正确地运用你的知识，认真地、仔细地审视每一道题目，你是一定能圆满地解答的。第二，你必须正确对待环境。考场上所坐着的，都是你的同学，他们都是普通的学生，和你一样，至于监考老师，他们也决不是什么凶神恶煞，你坐在那里做你的题目，他能对你怎样？考试时，你完全可以做到"心中有我，目中无人"，就像一个人在自己的房间里做作业一样，因此，也用不着焦虑、害怕，只要这样，你就完全可以避免"上场昏"了。当然，万一考试中有点心神不宁，你可以停下手中的事，双手扣紧，闭目养神，做深呼吸。

考试，无非是一场没有硝烟的战场。初三的同学们，你们不是一个人在战斗，初二的同学紧接着18号就有生地会考，初一的更盼望着你们的成功给大家带来最大的勇气的信心。即将走上战场的初三同学们，在这欢笑与泪水中你们已学会长大，你们学会了坚强与责任，懂得了理解与宽容。你的天空不单只有三年前的纯净，还多了一份深邃；你高展的双翅，也不再像三年前那样稚嫩，它已可以搏击更广阔的天空。

中考在即，英雄弯弓，箭在弦上。养兵千日，用兵一时。冲锋的号角已经吹响，请你们带着破釜沉舟、卧薪尝胆的气势，带着"长风破浪会有时，直挂云帆济沧海"的乐观心态，带着老师、父母的期望，带着青春的梦想扬帆起航去开启一个属于你们自己的辉煌。

谢谢大家！祝福大家！

高考考前心理动员讲话

亲爱的同学们：

大家好！

漫漫高考长征路已经进入尾声了，很快同学们就要参加高考了，牵动人心的时刻就要到来了，大家就要迎来高考这场既满怀期待又心存担心的考试了。此时此刻，你的心情如何呢？是期待、紧张、兴奋、还是百感交集。高中三年的奋斗，特别是高考前的点点滴滴，正是这所有的一切努力，将轻轻的把你推向了人生的又一个彼岸。"高考，四分考实力，六分考心理。"就是说一个人心理调节成功与否，将会极大的影响到他的高考成绩。一考定终身，分数就是硬道理！这句话从某种角度来说也是成立的。高考牵动着家长们的心，关系着学生一辈子的前途和幸福！在剩下的时间里，重要的不再是知识掌握的多少，要弥补也是有限的。更重要的是大家的心态调节，能否把掌握的水平充分地临场发挥出来。高考考前同学们的心理调节是我们教师、家长和学生的共同关注。很快就要高考了，许多同学惶惶不安，不知道应该做什么才好，甚至睡不好、吃不香。其实只有科学合理地安排好时间，才能有助于发挥正常应考水平。高考在即，如何缓解自己焦躁的心理？考前应做好哪几件事？考试期间有那些注意事项？

一、**保持健康心态，勇敢面对高考**。高考，作为国家向高一级学校选拔优秀人才的一种方式，其意义固然重大，在很大程度上的确决定着一个人的命运。因此，有些考生对此感到有一定的心理压力和紧张情绪是很正常的。但是，这种想法要适度。有的考生过度重视考分，把考试视为决定命运的战场，把考分看作"命根"，不达目的誓不罢休，这种"一张考卷定终身"的思想只能造成考生过重的心理负担，对考试有百弊而无一利。虽然升学对人生来说是一次施展才智、接受考验的机会，但并不是唯一的机会。成才之路千万条，不必千军万马去挤一根"独木桥"。古语道："天生吾才必有用"！三百六十行，行行出状元，当今社会给人们提供了越来越多的成才机会，我们大可不必把命运的赌注全都押在高考上。此外，从另一个角度上来说，考试既然是国家、社会选拔人才、评价教学质量的一种方法，它就不会以任何人的意志为转移，无论你喜欢还是惧怕，它都要发挥着应有的功能，我们每个考生只不过是当中的参与者，大可不必紧张、焦虑，否则只能造成不应有的心理负担，给自己带来不良后果。高考，说到底就是一场考试。考试对于我们同学们来说，是再熟悉不过、再平常不过了，它不值得我们大惊小怪的，我们要从战略的角度上藐视考试。高考的确很重要，但从事实上说，决定你能否进入理想的学校，并不是由高考所决定的，而是由你平时的学习情况决定的，因为高考的成绩是由你平时的学习成绩作基础的。因此，高考时我们只要尽可能地发挥出自己平时的水平就是成功，不要对考试期望太高，奢望超常发挥。每个考生一定要本着"一颗红心，两手准备"的平常心态，从容的走向考场，勇敢地面对考试。

二、考前注意事项。

1．合理饮食。多吃些新鲜可口、易消化、易吸收的食物，要多吃能够增强记忆力的食物，如卷心菜、大豆制品、牛奶、鲜鱼、蛋黄、木耳等。要注意适时休息，养足体力，不搞剧烈运动，以静为主。但可以散散步、做做体操、打打乒乓球、羽毛球，或听听轻音乐，放松一下神经。但严禁剧烈运动，避免出汗受凉引起感冒甚至发生意外伤害影响高考。也不要参加社交活动，不走亲访友，确保身体健康和情绪稳定。

2．合理睡眠。科学研究表明每个人一天二十四小时中大脑的兴奋期和抑制期是呈波浪形的，即一段时间的兴奋期之后，必然是相对的抑制期。显然，如果高考时间在我们大脑的兴奋期，那是再好不过的；反之，考试时间正好处在我们大脑的抑制期，那就糟糕了。事实上，平时我们同学中有不少这种现象，夜越深，大脑越兴奋（即处于兴奋期），第二天上午头脑昏昏沉沉，即大脑处于抑制期，这种情况，显然不利于高考，因此，我们在高考前几天就应调整好作息时间，晚上九点半睡，第二天早上六点左右起床，中午进行午休，如此调节生物钟，让我们大脑的兴奋期与高考时间同步，这样，我们就等于提前进入了角色，有利于考试时水平的正常发挥。另外，睡前不要喝茶、咖啡等刺激性的饮品，防止因大脑兴奋而引起失眠，更不必要想着失眠这件事，全身放松，思想宁静，不必要刻意多睡眠。如果一旦失眠，科学研究表明，也不会影响知识的回顾，第二天可以照常考试。充分熟悉考场环境，使自己迅速适应考试环境。

3．充分熟悉考场环境，使自己迅速适应考试环境。

4．带好各种考试用品。考试专用袋要对单检查一遍，铅笔、水心笔至少带两杆，橡皮、圆规、三角板、量角器、手表、水等（不要喝饮料，凉开水最好），特别是准考证带好。

三、如何消除考试焦虑。心理上的充分准备，其战略意义不亚于对知识的准备。有些考生尽管在道理上很明白，但在考试前或者考试过程中仍然会出现不同程度的焦虑情绪。事实上，考试前的紧张是避不可免的，一般来说，凡是在考试前有些紧张的学生都是上进的学生，紧张的情绪与上进心紧密相连。一个不上进、没有自尊、对高考不感兴趣或与高考无关的人是不会紧张的。紧张以及紧张带来的苦恼都是寻求上进之人的专利，这种情绪本身足以说明同学们的自尊和上进。从这个意义上来说，考试前紧张的心理状态是正常的，是可以理解的。但是，紧张情绪毕竟不利于考试，下面介绍一些有效的调适方法：

1、首先，要调整好考前的心态。要坚信自己通过三年的学习，特别是本学期的总复习，已经较好地掌握了高总的知识。天道酬勤，我们往日苦读的汗水一定会换来高考的成功！我们尽管放下包袱，轻装上阵。要反复地积极地暗示自己：我有实力,我能成功！我有实力,我能成功！

2、克服焦虑情绪。考试焦虑主要表现为精神紧张，反应迟钝，引发记忆障碍，严重的出现头晕、恶心、手脚发凉、血压升高等症状。事实上，我们根本用不着焦虑。因为，第一，高考的试题都是我们在初高中阶段学过的东西，不会超越我们的知识范围，最多就是转换了一个角度，或是要你用学过的知识去解答某种现象，只要你从容地、有序地打开你记忆的闸门，合理地、正确地运用你的知识，认真地、仔细地审视每一道题目，你是一定能圆满地解答的。第二，你必须正确对待环境。考场上所坐着的，都是你的同学，他们都是普通的学生，和你一样，至于监考老师，他们也决不是什么凶神恶煞，你坐在那里做你的题目，他能对你怎样？考试时，你完全可以做到"心中有我，目中无人"，就像一个人在自己的房间里做作业一样，因此，也用不着焦虑，害怕，只要这样，你就完全可以避免"上场昏"了。如果真的发生上述现象时，可以闭目养神，做深呼吸，还可以用风油精擦人中或太阳穴提神，但擦太阳穴时，不要将风油精擦得离眼睛太近，以免眼睛流泪。

3、对自己的期望值不要过高。心理学研究表明，中等强度的考试动机更有利于取得好成绩。动机过强过弱都不利于考场情绪的调动。我自己是个什么水平，自己正确估计自己，在考试时，一心一意，全心全意地做自己的试卷，决不要去想什么其他的事，比如，其他同学考得怎样啦，我能不能考取啦，等等，这些问题是以前的、以后的的事情，与考试一概无关。能考多少，就考多少。如果这样想，也许你能发挥得更好，获得意外的收获。

四、答题技巧。走进考场，坐到自己的座位上之后，不要东张西望、交头接耳，可以内心默念：我能成功！我能成功！然后进行深呼吸，来缓解紧张情绪。发卷子后，同时脑子里要安排好作战计划，部署答卷策略和时间安排。认真听好监考老师宣读的考试规则书写要力求工整。一些参与高考判题的老师常常对书写工整的试卷有所偏爱，卷面整洁会给作文的得分带来优势。最后要仔细检查。对于再难的考卷，也不要满满地安排答题，一定要留出最后的检查时间。一丝不苟、每分必争。高考成绩是录取的重要依据，相差一分就有可能失去录取资格。因此，考生必须一丝不苟，认真答题，每题必答每分必争，力争得满分。每题的答案，都要做到内容正确，表述清楚，书写工整，甚至对一个标点符号也不能马虎。遇到一时难以解答的问题，要认真分析、思考，会多少答多少，能推导几步就做几步。对分数少的小题，也要认真回答，争取多得分。整个卷面要保持整洁，清晰，否则也会造成无谓失分。仔细检查、补漏纠错。为了尽量避免失误，做完答卷以后，不要急于交卷，只要时间允许，就应对试卷一题一题地检查，一步一步地验证。要着重检查有无漏题，是否切题，有无笔误，做到有漏必补，有错必纠，力争答案的内容乃至标点、符号、文字、图表都准确无误。要有一种挑战困难战胜困难的勇气、信心和毅力。目前，能参加高考的同学可以说都是有相当"拼搏能力"的同学。有的人可能会说，我在学校考试成绩并不好呀。这可能是事实，但这一事实是有多种因素所决定的。

考试，特别是高考，正是一次表现自我，证明自我人生价值的好机会，因此，我们一定要充满信心，笑迎困难，并且通过自己扎实的努力，去获取最理想的成功。因此，希望大家都要把高考看成是一件十分愉快的事情，你想想，当你在三年前种下了一棵小桃树，现在到了摘桃子的时候，当你手捧着硕大的鲜红的桃子的时候，难道你不为自己辛勤汗水浇灌出来的硕果而高兴吗？

同学们，老师相信你们，家长相信你们，你理想中的学校正在伸出双手欢迎你！成功一定属于勇于拼搏，善于拼搏的人！愿你带着舒心的微笑走向辉煌！预祝高考成功！

中学生学习方法指导

一、制定合理的学习计划

凡事预则立，不预则废。恩格斯说："没有计划的学习，简直是荒唐。"教育学家们一致认为先进学生和后进同学的差异，重要的一点是先进学生都有比较明确具体的学习计划，而后进学生大多是学到哪里算哪里，或教师指向哪里自己就到那里，或教师指向哪里，自己也到不了那里，自己又管不住自己，每天在无所事事中度过。因此每位学生在开学伊始，必须制定自己的计划。

1、制定计划的一般步骤：第一步是要分析现有的条件。即个人所处的具体环境和自身已经具备的条件；第二步是确定目标。它是主客观两方面因素相结合的产物，并不是空中楼阁；第三步是选用措施。它是实现目标执行计划的保证，包括作息时间的调整，各学科之间的调换和搭配，文体活动的安排等；第四步也是最后一个步骤，是安排步骤，它要求符合认知的一般规律和秩序渐进的原则。

2、计划制定要遵循的原则：

（1）确立明确的目标。任何计划的制定都需要明确的目标，目标是一个人前进的灯塔，它是学生向更高层次迈进的基础。作为中学生，应对自己的学习提出目标、明确努力方向，对自己的学习将达到什么样的水平有个大致的设想，对自己要发展哪种兴趣有个打算。同时，对于自己学习上的不足，也要有正确的认识，以便确立改进的目标。这样，才能把自己的注意力集中到目标上。凡事预则立、奋则进，所以学习的目的越明确，学习行动的意志也就越坚决，尤其是在高尚学习动机支配下的行动目的，更能使我们不顾生活条件的艰辛，不顾各种内部和外部困难，全力以赴来搞好自己的学习。

（2）参照生物钟原则。"生物钟周期律"对人起着一定的影响，我们应因势利导，在高潮时，增加任务量，提高效率。在低潮时，保持正常的任务量，做好充分的心理准备，防患于未然。人由于心理和生理条件的不同，其最佳的"生物钟周期"也不尽相同，即其学习的最佳期也不尽相同，因此只有正确利用生物钟的调节作用，才能更好地制定一套完美的计划，圆满地实现自己的目标。

（3）难易适度性原则。计划的制定是以实现为目的的，不能过易或过难，只有基于一定基础之上，遵照维果斯基的"最近发展区"理论才能更好的发挥它的最终作用。维果斯基的"最近发展区"理论认为，人应该基于自己的实际情况，选择适合自己的目标，目标的选定应有适当的难度，促使学生积极主动的去探索、发现问题，以满足自己的学习动机，完成自主性学习，使之有所进步。

二、科学预习

所谓科学预习就是要在巩固旧有知识的基础上，积极探索新知识，发现疑问，以做到心中有数，为进行新一轮的学习而进行准备。预习的最大好处是有助于形成学习的良性循环。预习使学生变得积极主动，只有站在主动进攻位置上的人才容易打胜仗。可见，只要抓住了预习，就抓住了提高的关键。

1、预习方法：

（1）要认真读书。先将教材粗读一遍，领会基本大意，然后再反复细读。细读时，可用彩笔在课本上初步勾划出重点、难点、疑难问题。

（2）要认真思考。预习时要运用已有的知识、经验及有关参考材料，进行积极的思考，多问几个为什么，弄清旧知识的内在联系和新内容中的每一个概念、定律、公式等。若有初步的体会和感受，也可适当地作点批注。

（3）要虚心请教。在预改头换面过程中，有些问题虽经过独立的思考（包括查资料），但仍得不到解决，可与同学讨论，必要时要向老师、家长或其他人请教，尽量将疑惑总是解决在课前，以便课上集中精力思考些新问题。

（4）要适当地做些习题和实际操作。预习可适当地做些处选习题，以及时检查预习效果和巩固、深化知识系统。如有可能，还可做些必要的操作，现场观察、调查研究等，从而为上新课作些必要的准备。

（5）要认真做好笔记。写预习笔记是预习过程的一个重要环节，我们一定要引起重视。具体来说，预习笔记主要包括五个方面的内容：

一是每一课（或每一章节）中的重点结构或提纲、摘要（包括自我练习）；

二是每一课（或每一章）中包括的几个紧密联系的主要问题；

三是尚未解决的疑难问题；

四是所查资料中有关内容的摘抄，并注明出处；

五是主要心得体会。当然，这五个方面不一定每次笔记都记全，要从实际出发，根据知识的难易程度灵活处理。

2、预习要注意以下几方面内容：

（1）要根据自己的实际，不要全面铺开。预习的好处固然很多，但需要一定的时间，要保证预习的质量，我们最好先从基础学科（语文、数学、理化、外语）或个人感到困难的学科中选出一两学科进行试点，取得经验后再逐步展开。对于个人的优势学科或较易掌握的内容可以不预习或少预习。

（2）时间的安排要服从整体计划。预习的时间要根据实际可能来安排，不要因预习占用过多的时间而打乱了学习的整体计划。时间多时，可多预习一点；时间少时，可少预习一点，钻得浅一点。有些疑难问题解决不了是正常现象，预习不可能将全部新内容能钻透。

（3）要有计划地逐步提高。虽然每个人的情况不同，预习的要求也不一样，但有一点却应该是循着事物的内部规律有计划地进行预习。从横的方面说，要由一种学科到多种学科；从纵的方面说，要由浅入深，由低级到高级，如从课前预习到单元预习再到整册预习等。

三、专心听课

听课法即怎样听好教师讲课的方法。听课对学生来说，其基本任务是在教师的指导下学习知识，发展智力，提高能力。无数事实表明，在中学阶段，学生的大部分知识和能力都是在课堂学习中学到和培养起来的。因此，我们要想提高学习效率，就必须认真对待上课并学会如何听课。课堂学习的方法和技巧：

1、集中注意，专心听讲。有人说，注意力是知识的窗口，不集中注意，知识的阳光就无法照射进来。这形象地说明了专心听讲在课堂学习中所起的作用是多么重要。那么，如何才能做到集中注意，专心听讲呢？实践证明，最有效的办法就是必须将获取知识的主要希望寄予课堂。前面已经说过，由于课堂学习在中学阶段具有时间长、效率高等突出优点，因此，我们要努力向课堂四十五分钟要质量，力求通过提高课堂学习的效率来减轻课下的负担。基于这样的认识，上课才能做到全神贯注而不至走神。相反，如果本末倒置，不是寄希望于课上解决问题，而是专靠课下加班加点，自然就很难做到集中注意，专心听讲了。

2、积极思考，努力把握获取知识的主动权。课堂是一个积极思考的王国。能不能开动脑筋，积极思考是课堂学习的关键。因此，我们在课堂上不能只是张着嘴巴等老师"喂"知识，而应充分发挥自己的主观能动性，提高能力。具体来说，就是对教师所讲的知识要多问几个为什么，要善于从不同的角度，不同的侧面去分析和理解，将问题进行加深和拓宽。只有这样，才能将知识真正把握，从而做到举一反三，触类旁通。对老师的提问要勇于回答，积极参加课堂讲座和争论，以阐明自己的见解和看法，以培养我们的思维能力和表达能力。苏联当代著名家苏霍姆林斯基说："你首先要把自己培养成长思考者，你才能体会和认识到学习是一种幸福，是一种智力活动。"

3、要理清教师的讲课思路，抓住学科特点和教师的讲课特点来学。思路就是思考线索步骤。是否把握教师的思路，是检验一个学生听课水平高低的标尺。一般来说，教师常用的方法有分析综合法、归纳演绎法、比较分类法等，常用的思维规律有形式逻辑学中的同一律、矛盾律、排中律；以及辩证逻辑学中的对立统一的思维规律、量变到质变的思维规律和否定之否定规律等。从一定意义上讲，掌握了科学的思维规律和思维方法，也就掌握了最根本的学习方法。为此，要认真学点哲学、心理学、逻辑学等有关思维的科学知识，以提高思维能力和听课水平。同时，由于每个教师的讲课特点不同，我们的听课方式也应灵活机动。如有的教师语言简练、重点突出，很少重复，这就要求我们听课时要特别集中；有的教师板书整齐条理，这就应将教师的板书及时记下来；有的教师课堂上的导语和下课前的小结往往都是教材的重点和难点，这就应对他的导语和小结予以高度的重视。总之，吸有把握住各个学科的不同特点和每个教师的教学风格，才能有的放矢，才能于重点处下功夫，从而取得事半功倍的学习效果。

4、不钻牛角尖，做好课堂笔记，争取当堂掌握所学内容。课堂上，教师总是一个问题接着一个问题地往上讲。有时，我们会遇到些听不懂的问题，这时，也不要中断听讲而去死钻"牛角尖"，而应先将暂时不懂的问题记下来，留到课后去解决，以保持听课的连续性。否则，如果中断听讲而去死抠某个问题，就会使课堂的整体性遭到破坏。待到你从"牛角尖"中醒悟过来时，老师已经又讲到其它问题上去了。这样就会因一步掉队而步步被动，甚至造成整堂课都听不懂的严重后果。所以，上课时一定要紧跟老师的思路，不走神，不掉队，不钻"牛角尖"，始终保持思维的灵活性和听课的连续性。课堂笔记就是对老师的讲课内容所作的书面记录。俗话说，"好记性不如烂笔头"。这说明，做好课堂笔记，是记忆和理解知识，提高学习成绩的一条重要措施。具体来说，坚持做课堂笔记，可以促使我们思想集中，及时记下老师讲课的要点，重点和难点，便于课后查阅、复习和巩固；同时，由于听课做笔记需要眼、耳、手、脑并用，因此可使大脑接受多种感官的综合刺激，从而加深对老师讲授内容的理解，掌握和记忆。那么，怎样才能做好课堂笔记呢？

第一，做笔记时要记下老师的思维方法、思维过程和思维结果，以便课后复习和指导作业。具体来说，就是要记下老师在分析问题的过程中在黑板上画的图形、表格、文字说明、关键词语、有说服力的数据、典型事例和老师在解题过程中提出的要求或规范化示例等；同时还要记下自己在听讲过程中迸射出来的对解决某个问题有启发意义的思想火花或殊途同归的解题思路，尤其是最佳方案。

第二，笔记要尽量完整而简洁。重点、难点、疑点要记全，但不必照抄老师的原话，否则会因忙于笔记而顾不上听下面的内容。记录最好能用自己的话或"关键词"概括老师讲授内容。这样可迫使自己集中精力，边听边积极思考，抓住重点，重新归纳，既省时，又省力，还能提高听课效果。当然，对老师所讲的有关基本概念、定理、公式、论点、论据等方面的关键问题，记录则要准确无误，不能马虎。另外，对尚未完全理解的内容，最好也可简要地记下来并加上记号或批注，以便课后复习时予以解决。

第三，笔记不要写得太密，要留有空白，以便课后补充和修正。需要强调的是，不要只把记课堂笔记看成是一种单纯的技巧，实际上它是多种感官的综合作用过程。记和听相互对立，又相辅相成，只有听好，才能记好；反过来，只有记好，才能检查和提高听课效果。因此，一定要正确处理听与记的辩证关系，使课堂笔记起到它应有的作用。要想当堂掌握所学的知识，最重要的就是课上认真观察，专心听讲，积极思考；要将重点放在认识事物的思考过程上，千万不要跳过认识事物的艰苦思考过程而直接去背结论。因为概念、定理、规则的表述只是末，而其形成过程才是本。抓住根本，才能学到根本的学问；否则，舍本求末，学到的只是些"死"的知识，这种知识不能转变为能力和智力，在实践中毫无用处。

四、学会自己留作业

作业内容因人而异，作业量有时也因人而异，特别是学生毕业前的那一年，自己有了较好的习惯，一部分同学基础已较牢固，就没有必要非写教师布置的作业，而应根据自己的情况，自己给自己布置作业。但一定要遵循以下原则：1、实事求是原则。任何人都应该按照自己的具体情况，依据科学的学习方法，去为自己布置作业，不能好高骛远脱离实际情况。2、以课堂学习为主原则。任何脱离课堂的学习都是一种事倍功半的工作，课堂是学生学习知识、掌握知识的主要阵地，只有充分利用课堂优势，才能取得更好成绩。

五、及时复习

及时复习，指紧随课堂教学，天天都采用的复习方法。复习贵在及时。这是由"先快后慢"的遗忘规律所决定的。心理学家曾作过这样的实验：让三个组的学生熟记一篇诗歌，第一组间隔一天复习；第二组间隔三复习；第三组间隔六天复习。均达到熟记的统一程度，第一组学生平均需复习四次；第二组平均需要复习六次；第三组平均需要复习七次。可见，复习间隔的时间越短，复习的次数越少。实验结果表明：复习能做到及时，可以提高熟记的结果。然而，学生常出现情况是：课上听课，课下做作业，复习环节省略。这样致使所学的知识的系统性、完整性受到破坏，时间一长所学的知识就会模糊、忘却，不系统，不理解的知识是最容易忘记的知识。因此我们必需重视复习。及时复习的程序有：

（一）尝试回忆。回忆又称重现，指以前识记过的事物不在目前，在其刺激的影响下，或在主观意识的引动下，引导旧的映象重新呈现出来。所谓尝试回忆，简单地说，就是独立地把老师课上所讲的内容回忆一遍。这样做实际上就是自己考自己，是逼上梁山让自己专心致志去动脑筋进行思考的一种方法。其好处有以下三点：1、能及时检查听课效果，以促使自己积极进取、聚精会神地把课听好。2、有得于动脑习惯的养成，并能增强、提高个人的记忆效果。3、能更明确复习的针对性。

（二）阅读教科书。教科书是教育部门组织专家、学者和有经验的教师依据教学大纲，按照知识的科学体系，针对学生的年龄特征和社会发展需要而编写的。内容上系统、严谨、深刻，是一般参考书无法代替的。复习时若不认真钻研教科书，则难以达到教科书的基本要求，也难以系统地掌握中学阶段所学的知识，因为教科书是教与学的唯一凭据。为达到质量较高的阅读，在方法上需用注意到以下几点：1、圈点勾划。阅读时，把新出现的概念、定义、定理、结论等重点部分，或容易忽略的要点部分，用红色笔勾划出来。2、提要。在书页的空白处，用少量文字，把书的重要内容简单地概括出来。3、思录。在书页的空白处，用不同颜色的笔，记录读者通过思维从书中发现的意思，也就是前面讲的"从文字里行间读出的学问"。

（三）整理课堂笔记。课堂笔记的详略人各有异，但记好听课的重点、难点是学生所共同的。笔记在复习中是尝试回忆、阅读教材的线索和纲目，又要通过阅读教材来整理课堂笔记，使其达到知识深化、简化、系统化。整理笔记的任务有：1、补。补上该记而没记的内容，使知识系统化。2、正。更正课堂记录不太准确，用词不当，深度不够的地方。3、添。添上个人学习的心得、见解、评价等。

（四）看参考书。适当地补点参考书是有必要的，但要摆正教材与参考书主从关系。阅读参考书仅是做为学习课本的补充，目的是加宽知识面或加深对教材的理解，所以只选择个别章节或个别知识点做参考性阅读为好。阅读参考书应注意的几点事项：

1、要围绕课本的内容和教师讲课的中心去阅读。

2、最好在老师的指导下选择好的参考书。

3、要先仔细阅读课本内容，后看参考书。阅读时，心里要有个目的：要么加深理解；要么解疑；要么加宽知识面；要么了解知识间的联系。

4、读有所得，适当记录。在听课笔记的相应章节或记参考书的书名、页码，或记参考要点，或记个人的有关思路等。

六、从容考试

考试是学生学习的基本环节之一，它是对学习效果的检查和评价，并从中起到反馈作用。

1、考试前不宜开夜车。心理学已证实，记忆在醒着的时候，其减少、消失是有相当差异的。用功后立刻睡觉，两小时内有记忆的退减，但以后则未见减少。相反地，一直醒着时，用功后八小时记忆仍有显著的减少。也就是说，用功后可以用睡眠来阻止记忆的减少及消失。那么为什么会出现这种现象呢？答案是：只要你醒着，无论维持多安静的状态，人头脑里都或多或少会有多种干扰情报闯进来。这种情报越来越多，刚刚记忆的事物，便被新涌进的情报所埋没，就显得不鲜明、不醒目。显然考前开夜车当天起得太早，都有不利于考试。

2、进考场莫患得患失。每年中考、高考，都有有个别平时成绩一般的同学，超常发挥，取得别人意想不到的成绩。本来一般学校都难以考取，发榜时却进了重点线。也有同学，事先大家都觉得他能进重点，成绩一公布，却连一般学校都考不上。原因是多方面的，其中一个重要原因就是超常发挥的同学，甩掉包袱，没有心理压力。反正大家都觉得自己考不上，社会、家长、朋友熟人都不对自己抱太大的希望，自然也不施加压力。这样走进考场，轻轻松松，从从容容，既没想考上重点如何高人一头，也没想考上一般学校便怎么矮人一截。不患得患失，进人考场，心无杂念，只有试题，自然心静。守住心灵的一片宁静，自然生长出智慧，答起题来，平时所学，尽现于心，当然容易正常发挥或超常发挥。发挥不好的同学，其重要原因之一是包袱太重。教师同学、家长、亲人都知道自己学习好，能考上重点，考不上怎么办？如何见江东父老？如何面对老师的惋惜，同学的同情，家长的伤心，别人的白眼？考上了怎么荣耀，怎么请亲友吃饭庆祝，登台领奖……患得患失之情绪，搅得心潮翻滚，波澜起伏，难以静心面对考题，当然难以正常发挥，容易招致失败。

3、答题前纵览全卷。有的同学进入考场拿到试题后，不看全卷，从第一页，第一题开始答，他们害怕看到后面不会的难题，干扰了前面答题的情绪。这样做的坏处是，前面遇到难题，可能以为后面也全是难题，同样答卷情绪不佳，还完全可能因过多用时答前面的难题，到快交卷时，后面容易的、会答的题却没有看到，没有时间作答了。大部分同学领到试卷后，先用几分钟时间浏览一两遍，做到胸中有全局，特别对经常研究考试题，经常自己出题的同学，拿到试卷总有一种似曾相识的感觉，绝大部分类型题都做过，绝大部分题自己都会做，浏览全卷起到了稳定情绪、坚定信心的作用。

4、怎样编排解题顺序。拿到试卷，总体浏览之后，就开始答题了。先答哪些，后答哪些，顺序安排得当，才有利于发挥自己的优势，有利于真实地表现出自己的实力，不致于答完题后产生过多的遗憾。常见的解题顺序一般有六种：从头到尾法，先易后难法，先高分后低分法，客观性题目入手法，先难后易法。这些方法各有自己独特的优势，同时也就产生一定的弊端，自然也就分别适用于不同的场合、不同的考生。具体地选择哪种答题顺序，一定要结合自己的实际。

5、考场运筹时间的方法。考生在正常情况下应该按照时间的多少安排，步步为营，稳扎稳进。如果因意外，出现时间少、试题多、无法正常解题的情况，不妨采用以下应急的方法：不作详细阐述，也决不留下一些题目空着。这是因为一道题的答案不管你答得如何完善，得分也仅是一道题的分数。而解答了两道题虽然只有一半，然而是答案的主要内容。一般说分数相加比只答其中一道题分数要高。如果是理解分析性的题目，可以采用只列要点、简例，不作具体分析的方法。要点、简例用提纲表述，不阐述它们之间的联系，也不考虑语言组织。这类题目一般按要点、简例分析几方面评分，答了要点便有要点分，如再加一些简例，则丰富了内容，分数就更高。同时，应养成复查的习惯，复查是大战后打扫战场。解题犹如战斗，讲究紧张，速战速决；复查是打扫战场，要求冷静。所谓冷静就是从原有的思路中解脱出来，从当事者变为旁观者，对试卷做仔细审查、无情挑剔。要知道：当局者迷，旁观者清。应试者只有头脑清醒时，才能避免种种可以避免的遗憾。

成长反思

建设交互式教育智库的实践与思考

2015 年中共中央办公厅、国务院办公厅印发了《关于加强中国特色新型智库建设的意见》，提出要"形成定位明晰、特色鲜明、规模适度、布局合理的中国特色新型智库体系"。随后，省委省政府印发了《关于加强湖南新型智库建设的实施意见》，全省教育科研工作会议也提出：教育科研机构要增强智库意识，努力成为本地区教育领域的智囊团和参谋库。长沙市教科院是市教育局的二级机构，拥有教职员工 49 人，其中高级教师 38 人，国家级专家 7 人，省特级教师 6 人，负责全市教育课题管理，基础教育、职业教育与成人教育教学指导，教育质量监测与评价等工作。我院积极响应国家号召，顺应时代发展需要，将"服务国家级中心城市，建设交互式教育智库"作为发展目标，努力争做长沙教育的智囊团、思想库和先锋队。

一、基本思路

按照智库建设的目标与要求，基础教育的特征与任务，结合长沙教育的实际情况，我们认为：交互式教育智库应该是一种能够促进教育理论、政策、实践与舆论等多种信息在教育决策者、研究者、实践者等多种主体之间动态汇集、多向流动的组织。在这种信息流动中，各参与者之间不是主动与被动的关系，而是平等互助、交流互动的协同体。

根据这一理解，我们认为市州级教科院建设交互式教育智库应把握以下几点：

信息流动的多向性。教科院通过理论学习、调查访谈、听课评课、监测评估等方法，从文献、政策、网络、教育行政部门、学校、教师、学生、家长、社会媒体等多方面了解教育信息，经过教研员的吸收、消化、再创新，以服务决策、创新理论、指导实践、引导舆论等方式，将这些信息传导给教育的决策者、管理者、广大教师和全社会，引导教育事业科学发展。在这一过程中，信息的主体是多元的、来源是开放的、流动是多向的。

信息汇集的统整性。教科院各学科、各学段都有教研员，可以广泛收集学校教育中从课程设置、课堂教学、课业指导、监测评估等多个环节、多个渠道的信息。通过院内各学科学段之间的协调与整合，可以更加全面、客观、系统的对信息进行甄别和处理。

服务方式的应用性。陈宝生部长讲，教育科研分为理论生产和成果转化两个阶段，市州一级教研机构的主要职能应该是成果转化，就是按照陈宝生部长的要求，将最先进的教育理论、最鲜活的教育实践信息转化为教师的教案、转化为教育行政部门的政策、转化为学校的制度、转化为社会主流的舆论。

4. 交互主体的协同性。教科院与教育行政部门、高校和科研机构、学校、教师等各主体之间不是主动与被动的关系，不是委托与受托关系，而是以事业为纽带，以问题为导向的，同心互惠、团结互助、交流互动的协同体。

二、主要做法

（一）努力实现"三个统筹"

1. 统筹各级资源。一是整合各级研究机构。加强与省教科院、各相关高校和科研院所的联系与合作，联合开展系列教研活动。如2016年共同发起成立了全国大城市教科院联盟，与湖南大学教科院联合主办了教研人员综合素质提升高级研修班，与中国美协、省美协、湖南一师联合主办了全国少儿美术教育学术展、少儿美术作品展暨城乡中小学美术教研论坛，2015年承办了长江中游四城市教研协作体年会等，促进了跨地区、跨部门的教研交流与合作。二是建立实验基地。先后与天心区实验小学等20余所中小学建立了联盟和合作关系，既让教研员有自己的实验田，又提高基地学校的办学质量和水平。

2. 统筹各个学科。组织开展跨学科的综合性教研活动，推动各学科之间相互借鉴。如2016年开展的小学语文、美术、音乐3个学科融合课堂教学展示活动。开展特色创建活动，创建区域特色学校13所，两型示范学校16所。

3. 统筹各个学段。组织中、小、职各学科学段教研员联合开展教研活动。如2015年的全省高中、初中、小学到幼儿园的生涯规划教育展示活动。目前正在研制核心素养本位的小学、初中、高中相衔接的各文化学科教育质量评价标准。

（二）始终突出"三个重点"

1. 突出课题引领。实施课题研究"百千万工程"，市本级每年立项课题100项以上、参与课题研究人员1000人以上、培训教研骨干10000人次以上。积极支持和申报国家级、省级课题。建立课题层级管理和过程管理制度，严格各级课题的立项、开题、中期评估和结题管理。加大课题资助力度，每年资助70万元以上，通过友谊科研奖每年奖励优秀课题35项左右，有效调动了全市教育科研的热情。

2. 突出课程建设。引导学校树立学校课程的理念，组织开展三级课程校本化实施的理论与实践研究，指导学校发展特色项目。2016年组织了全市小学、初中校本课程评审以及课改样板校创建验收等活动，其中小学校本课程获省级一、二等奖各10项，获评省、市级课改样板校共13所。

3．突出课堂教学。每学科每年组织一次市级以上青年教师赛课、名师优课展示观摩活动，去年各学科指导教师赛课40人次获国家级奖励，105人获省二等奖以上奖励，有效促进了全市课堂教学改革和高效课堂建设。每年组织高三教学视导，去年视导学校54所，听评课600余节。开展农村学校、薄弱学校、新办学校课堂教学专项指导活动，去年开展送教送研和集体听课15次。

（三）认真抓好"三支队伍"

1．提高教研员素质。通过"一高两微"提高教研员综合素质。"一高"是指每年组织一期教研人员综合素质提升高级研修班，提升全市教育科研人员的整体水平。目前，已组织教研员到了清华大学、湖南大学、上海外国语学校培训，参与人数超过300人次。"两微"是指利用全院教职工大会的时间，组织各科教研员在院内开设微讲座，向全院教研员介绍自己学科的教学改革理念与措施，加强横向沟通和交流，促进各学科间的学习与借鉴。同时，教研员每次出差回来，必须在全院教职工大会上进行3分钟的学习心得分享，开阔各学科教研员的视野，放大学习效果，促进学科之间的交流与借鉴。

2．建立专家库队伍。建立了66人的兼职教研员队伍、近500人的中考命题专家库、近500人的教育研究专家库，利用这些人才资源提高全市课题研究、课堂教学、中考命题、志愿服务等的质量和水平。

3．做大朋友圈规模。我们建立了"长沙教研"网站和微信公众号，利用网站和微信及时推送最新的教育理论、政策，外地典型做法和我院各项教研活动有关情况，每年微信公众号上就推送信息500余条，订阅量超过了10万人次，通过网站和公众号，有效推动了全市教研骨干分子的网络教研活动。

三、主要成效

（一）教育决策的智囊团。围绕教育改革与发展重大问题、热点问题开展调查研究，如去年上半年，我院组织"中小学生课业负担情况"专题调研，发放问卷6000余份，走访学校54所，座谈230余人次，提交的调研报告受到省市领导的肯定，并起草《切实减轻中小学生过重课业负担的六项规定》，已由市教育局印发。此外，我院还参与和代拟全市教育事业十三五规划等10余项政策文件。根据学业负担调研发现的情况，去年下半年，我院又组织小学生8：30到校的专项调研，发放问卷5000余份，座谈130余人次，开展微信投票，30余万人次参与投票，最后提出将小学生早上到校时间推迟到8：30的建议，通过市政府听证会并在全市实施。

（二）教育研究的思想库。教研员积极投身教育科研，去年主持或参与的课题 5 项，目前正在主持和参与省级以上课题的有 15 人次；主编或参与编写各类部编、省编教材和学术著作共 16 套 60 本，在各类期刊公开发表论文 58 篇；提交高考、中考质量分析等各类报告 30 余个；高质量完成中考、初中和高中学业水平考试、高考模拟考试命题，在省教科院中考命题质量评价中 9 个学科全部获得"优秀"。

（三）教育改革的先锋队。配合市教育局开展湖南省教育规划"十三五"重大招标课题《普通高中综合素质评价改革实践研究》，正在抓紧研制小学、初中、高中三级综合素质评价体系。牵头完成了全市县域义务教育校际均衡监测工作，出台了年度报告。开展普通高中教育质量综合评价改革，采用增值评价理论对各学校的学业情况进行评价，同时调研走访全市 79 所高中，发放问卷 9000 余份，对学生非学业质量和教师素质、学校管理等情况进行调研，目前正在起草全市和各区县、各学校的教育质量综合评价报告。

常见的教研活动类型

一、听课、评课式

听课、评课式教研活动是传统的教研活动形式。通过听课、评课活动可以形成良好的学习氛围，达到促进教师之间相互学习，取长补短，共同提高教学水平的目的。讲课教师要在课前精心准备，对讲课的每一个环节都要仔细研究，精心设计整个教学过程。

评课时，讲课教师要认真介绍教学设计、重点、难点、方法及自己的体会。评课教师要实事求是地进行点评，指出优点和缺点，针对缺点提出改进的意见。通过大家的协调，最后集体研究确定这一节课的整体的教学设计。

听、评教研活动需要注意的是，切忌走过场，不注重实效，尤其是不能只说优点，不说缺点，同时，教师要善于提出自己的见解。

二、说课式

说课可以作为一种教研活动形式，一方面锻炼教师的表达能力，一方面完善教学设计，最终形成教学设计的最优化。

在说课前要布置好任务，做好总体安排，准备好说课材料。说课材料环节要齐全，有典型性、有科学性。说课过程中，说课人讲完后，其他参与教师要对说课材料进行补充和完善，最终形成一个完整的教学设计方案。

说课教研活动需要注意的是，说课环节必须齐全，要有整理补充、完善的过程。

三、论文宣读式

论文宣读式教研活动，可以促使教师不断加强对业务知识的研究学习，提高教师的业务水平，形成良好的教研活动氛围。

在每一个学期初，每位教师必须选择一个课题，针对这个课题进行研究，在规定的时间内拿出一两篇系统化的论文。论文宣读可以安排在每一个学期末，集中一两次教研活动。每位教师可以将这一学期自己最成功的课题研究成果进行宣读。通过论文宣读，教师可以相互学习，共同提高。学校可以将这些论文，形成论文集。教师还可以将自己认为最好的论文投到各种期刊发表。

论文宣读需要注意的是，各位教师一定要认真研究，拿出自己的研究成果或自己的亲身体会，不可抄袭，否则就失去现实意义。

四、教材过关式

为适应现代教学需要，教师要树立终身学习的观念，使自己这一桶水成为流动之水，常新之水。教师要传授给学生知识，首先自己要有丰富的知识储备。教师对教材掌握如何，关系到教学效果。学校可以利用教研活动，对教师掌握教材的实际情况以试卷的形式进行考查，以促使教师熟练掌握教材。教师作为知识的传授者，应对出题的类型、解答的方法有深入的理解。

教材过关，要事先通知教师做好准备，试题选择要有针对性，难度要适中。这样的教研活动次数不宜过多，每个学期一两次即可。

五、经验交流式

经验交流式的教研活动，在高中教研活动中是最重要的形式之一。这种教研活动要达到教师相互交流经验，相互学习，取长补短，教师之间互帮、互学的目的。

经验交流式教研活动，在活动前要确定交流的主题，明确负责人，确定参加人员、地点、时间等。负责经验交流的主讲人，课下要认真准备，其它参与人员也要准备资料。在经验交流时，安排人员都要参加，主讲人做为主发言人，其他参与人员也要就议题踊跃发言，积极讨论，通过交流，最终形成一种大家共同认可的经验模式。

经验交流式教研活动需要注意的是，要有布置，有准备，各位教师要有豁达的胸怀，畅所欲言，无所保留。

六、教学比武式

教学水平如何直接关系到教学的质量。教学水平的提高，要通过教师之间相互学习，相互借鉴。教学比武是最好的相互学习方式，因为，参与教师在比武的过程中都会准备一节最优秀的课，展示自己最好的教学水平。

教学比武活动中要注意的是，活动之前必须做好布置工作，结束之后必须有总结分析，真正达到比武提升目的。

有效教研活动的基本特征

有效教研活动是指通过教研活动的开展有效地实现了教研活动的价值取向，即教学中的问题得到解决，教师的专业素质得到发展，课堂教学的有效性得到提高，教研的意识和文化得到加强。有效教研活动所呈现出的特征应体现在"有效的保障措施、有效的组织形式、有效的研究方式、有效的达标策略、有效的评价办法"等五个方面。

一、有效的保障措施

有效的保障措施是正常开展教研活动的前提和基础。有效的保障措施主要体现在"四个到位"，即"思想认识到位、制度引领到位、时空保障到位、经费支持到位"。在思想认识上，管理者必须用自己的思想去感昭教师的思想，充分领悟教研活动的价值取向，进而充分认识到教研活动的必要性；在制度引领上，必须规范教研组的建设及教研活动的开展，以引领教研活动的有序进行；在时空保障上，学校必须对教研活动的开展提供时间和空间，学校管理者要通过对课程的精心排列，活动的精心安排，使同科教师有共同的时间参入教研活动。另外，最好有专用的教研活动室，以减少其他因素对教研活动的过程干扰。在经费支持上学校应对教研活动的经费纳入预算管理，而不是"即兴开支"。

二、有效的组织形式

学校教研活动的组织形式是指开展经常性教研活动时人员的构成形式，这种形式一旦确定便相对比较固定。一般来说有以下几种：学科教研组（以学校某一学科教师为单位组成或分学段的学科教师组成）；学科备课组（以某一年级学科教师为单位组成）；联片教研组（跨校的学科教师为单位组成）等。学校应视其规模的大小，人员的多少确定合适的教研活动的组织形式。一般来说，某一学科人数在 3 人及以上的应成立学科教研组或学段学科教研组，某一年级学科人数在 3 人及以上的应成立学科备课组，学科人数在 2 人及以下的应尽可能成立联片教研组，而不应该把人数较少的学科综合在一起成立综合组，因为这样就会谈化教研的功能，给教研活动的开展带来了专业上的困难。当然，联片教研活动不仅仅限于学科人数较少的学科。既有教研组又有备课组的学校应以备课组为主线开展教研活动，因为以这种组织形式开展教研活动时便于话语的集中。

三、有效的研究方式

一旦研究活动的主题（或形式）确定后，教研活动所采取的方式（研究的过程行为）是否有效将直接影响活动目标的达成，学校教研活动的主要形式及相关的研究方式有：

1、以更新观念为目的专题理论学习和研讨。随着课程改革的不断深入，学科课程标准、教材在不断的完善，现代教育技术应用于学科教学的手段在不断地丰富，这些都要求教师们要不断地领会并在教学实践中不断的应用。因此，教师们必须定期对课改相关理论等就教师们共同关心的专题进行学习和研究，以达到理论指导行为的目的。专题拟定后要提前布置，具体的活动方式为"先进行分散学习，后进行集中研讨"，重点应将自己的困惑和收获进行交流和探讨，以达到共同学习，共同提高的目的。这种活动适合学科的任何一种教研组织形式的开展，但活动的频率不宜过高，因此选好共同关心的专题很重要。

2、以解决教学中实际问题为目的专题研讨。当教师们在教学中遇到实际问题而此问题又带有共性时，就应该针对此问题拟定研究方案采取系统的研究方法。其通常的做法是"确定专题→制定方案→行动研究→行为反思→行为跟进"，必要时"行动研究→行为反思→行为跟进"要重复、深入的进行。这种研究除群体要参入外，学科骨干应起引领作用，有条件的尽可能聘请相关的专家指导，以减少低水平的重复研究。如果提炼出的问题属学科共性则以教研组的形式进行研讨较好，如果是某一年级特有的问题，则以备课组的形式进行研讨较好。值得注意的是，在这种研讨中，每个成员应有明确的分工，而不是少数人干，多数人看。

3、以提高课堂教学有效性为目的的教材教法研讨。教材教法研讨应是一个很原始的话题，但如何与课改的理念融合，同时又能提升教师的教学技能，进而提高课堂教学的有效性，实践证明较为有效的方式是"预设性研讨、反思性研讨"，其主要的研究过程综合起来有以下几种：

（1）备课组"预设性研讨、反思性研讨"的活动开展。预设性研讨是指以教学周为单位，本周对下一周的主要（或重点）教学内容进行课堂教学的预设。其流程为：个体解读→集体交流→形成共识→个性设计。即活动前个体必须对研讨的内容进行解读，然后带着自己的思想、观念参与集体交流，交流后由活动策划人提炼出共识，活动结束后由个体依据共识、融入个性写出自己的教学设计。反思性研讨是指对上一周经过预设性研讨的教学内容，通过教师的具体教学后，出现了那些和预设性研讨相比的"意外"，并对这些"意外"进行归因分析，接着再对下一周的主要（或重点）教学内容进行预设性研讨。每周按这种方式重复的滚动推进。这种研讨方式最大的好处就是在综合提升教师专业能力的同时，张扬了教师的个性发展。如果是对具体的某一节课的教学内容进行研讨时，在预测性研讨和反思性研讨的中间环节，也可进行"同课研究"，形成"课前预设性研讨，课中比较性研讨，课后反思性研讨"的完整体系。

（2）教研组"预设性研讨、反思性研讨"的活动开展。教研组开展"预设性研讨、反思性研讨"的活动，相比以备课组的形式开展，对教师个体的要求会更高，因为教师必须跨年级钻研教材教法。活动的基本程序与上面是相同的，区别在于①研究的内容覆盖每个年级的主要内容（在教研计划中要作具体的安排）；②研究那个年级的内容就有哪个年级的教师在研究共识的基础上编写教学设计并上研讨课；③听课者和授课者一起进行反思性研究；④不一定每周进行。由于规模不大的学校大量存在，而教材教法的研讨又非常必需，因此，这种方式的推行和完善应引起策划者和参与者的高度重视。

4、以促进观点和经验动态交流的教学沙龙。教师之间能否就教学实践展开讨论和交流是体现一个学校学习氛围的重要指标。开展教学沙龙活动必须把握好以下几个问题：①策划者必须去收集教师们共性的问题；②主题可以很集中，也可相对松散。③参加沙龙的教师必须联系自己的教学实际对问题的反思与解决进行交流。在实际操作过程中，可视人员的多少和时间的长短来确定主交流的人数。交流过程中，对不明白的地方可以随时提问。这种形式的教研活动最大的特点是"结合教学实际的观点和经验的动态交流"。

5、以现代教育技术手段为载体的网络教研。如果说其他教研活动的形式是以学校为阵地进行的群体同步研讨活动，那么，网络教研则是拓展了教研时空，更张扬教师个性的异步现代教研形式。如：专业的实名教研论坛、博客、远程培训、虚拟研究室、主题学习网站等。这种研讨活动最大的特点是"时间自由、交流话题广泛、交流面宽阔"。

6、其他形式的教研活动。以提高教学效率，促进共享为目的的资源建设的研讨。这种活动最大的特点是"团队合作、共同建设的过程又是教师研究提高的锻炼过程"。以竞赛的形式促进教师专业素质提高的活动。这种活动最大的特点是"亲身体验、学而即用"。

当然，教研活动的形式很多，随着时代的发展活动的形式也在不断的更新。但我们更关注的是某一形式下具体的研究方式。因为任何一种形式都具有教研活动的价值取向，而有效的研究方式则是实现教研活动价值取向的关键。在研究方式的掌控方面基本原则是"针对教师的需求，设计教师的活动，营造研讨的氛围，关注行为的跟进"。

四、有效的达标策略

通过教研活动的开展达到本次教研活动的预期目标，是教研活动有效性的重要标志。在达成目标的实践行为的策略上主要体现在以下几个方面：

1、是否关注了教研活动的策划。每一次有质量的教研活动必然有清醒的背景分析和明确的活动意图及预达的目标，如果活动的组织者和参入者没有这样的意图和愿望的话，其效果会大打折扣。这就要求教研活动的组织者事前必须充分的调研和策划，并且，参入者要做到"有备而来"。教研策划反映了教研组织者的意识与水平。

2、是否关注了群体发展的差异。教研活动的目标在教师专业素质发展方面常常没有"整齐划一"的"终点"，他常常取决于参与者在已有经验上的建构，而且不同教师教研目标的达成同学生的学习相比更具有分化性。因此，在反映到教师个体发展中不应该"整体划一"的去评价，而是倡导教师真实地、个性化的再现。只有关注了群体发展的差异，才能实现不同的教师得到不同的发展的现实发展观。

3、是否关注了研究过程的渐进。在实际教学工作中，为了改进教师的教学行为，常常需要对某一专题（或现象）进行持续性的研究。值得注意的是，这种研究应该是认识和行为的不断更新，不应该是平面内的重复循环，而应该是螺旋式的渐进上升。研究过程是否渐进发展直接反映了研究团队的整体水平。

4、是否关注了研究成果的共识。教研活动的过程是教师观点交流、智慧共享的过程，应该说教研活动对教师的发展起到了"扶手"的作用，而"蹬阶"的关键是教研活动形成的共识与建议。如果活动中大家或人云亦云，或激烈争辩，但没有形成明确共识的话，明天的教学可能还会是"原来的星星"和"原来的月亮"。当然，这种共识不应该只是通常经验的概括，而应该是基于实践经验的理论概括。

五、有效的评价办法

有效的评价办法是促进有效教研活动的催化剂。对于教研活动的评价，学校应根据校情，本着评价"引领教研活动的发展方向，规范教研活动的过程进展，提升教研活动的内涵价值，应用教研活动的研究成果"的原则来制定评价方案，让评价去催化教研活动有效性的提升。

作为学校管理者以及教研活动实践者，应努力从以上五个方面去审视教研活动的有效性并加以策划，有效的教研活动是教师们乐于参加的，因为它给教师们带来了质的收获。低效甚至无效的教研活动只会使教师们感到"劳神丧时"，最终导致教研活动的弱化和形式化。

介绍一种有效的校本教研——合作研究

合作研究是个人或群体间为达到预期目标，通过彼此协调而形成的联合行动。合作研究需要有善于沟通的品质和能力，理智的判断和成熟的热情，设身处地为他人着想的意识和推己及人的胸怀。现代教学的实践证明，集合集体的智慧，运用合作的力量能改善教学系统中的人际心理气氛，促进教师非认知品质和思维能力的发展，提高教师的专业水平，提升教育教学的效能。

学会合作研究是现代人必备的基本素质，培养学生的合作精神其关键是教师要学会合作。我们认为，在推进二期课改的进程中，倡导基于合作研究的校本教研是教师工作特点的需要，是实践课程和教材改革的需要，也是学生学会学习的需要。

教师集体合作研究是校本教研的标志和灵魂。校本教研强调加强教师之间的切磋与交流，协调与合作，使之优势互补，共同成长。几年来，有学校始终如一地坚持集体教研制度，做到"三保四有"。"三保"即保证时间——每周一教研雷打不动，如遇特殊情况，也必须找时间补上；保证人数——任何人不得无故缺席，如有病有事，必须向主管校长请假；保证效果——教研要不走形式，不走过场，解决实际问题。"四有"即各年组要有教研计划，有教研记录，教导处要有检查，有评比。学校领导深入年组参加并指导教研，帮助解决疑难问题，从而保证教研质量。

为了使教师树立"以学定教"的教学理念，变"备教案"为"备学案"，变"教教材"为"用教材"，依托集体教研，可在部分学科推行"独立思考——集体研讨——深入探究——自主调整——操作运用——反思提高"的备课方法，实施创新备课，提高备课的实效性。合作研究已成为大势所趋。

首先，校本教研课改理念下的课堂教学已经不再局限于学校、教室、课堂、"课标"和课本的严格范畴之中，而是要立足学生的终身发展和全面发展，着眼于学生创新精神和实践能力的培养。随着课程、教材和教学改革的实施，仅靠教师个人现有的知识、技能、经验、时间及能力去独立解决和完成是难于胜任的。这就需要教师间的相互借鉴、共同探讨、精诚合作，形成能力各异、特长互补的教师群体，发挥集体的智慧和力量，构建合作共享的教研文化。

其次，随着新的课程标准的颁布、新教材的推行、新课程理念的逐步渗入，不同学科的相互融合和现代信息技术的整合要求我们的课堂教学是多向互动、动态生成的。教学过程从被动接受走向交往、对话与合作，师生双方围绕教学内容，以知识和生活作为对话的载体，以动态生成的方式推进教学活动。这样的教学注重的不是教参，不仅是预设的教案，而是学生的个人经验和学习特点。这些信息的获得需要多学科的交流，近距离的观察及教师间的相互配合，

第三，学习的需要和兴趣是学生学会学习的关键，也是教师施教的前提。在推进课程、教材改革的过程中，随着学生自主学习、个性化学习、探究性学习空间的拓展，学生提出的，涉及不同领域、学科和层面的问题会越来越多，留给课堂的时间和空间将加大，教师与学生个人的知识将被激活，师生互动产生新知识的比重将大大增加。这些人文资源和动力资源的开发都需要教师的相互合作。

既然已经认识到合作研究是校本教研的核心，我们可着手从以下几个方面去进一步推动深入，具体做法如下：

1. 说课式教研：备课组教研时，每位教师进行说课。不但要说教材，说教法，还要说理念，说学情。

2. 互动式教研：①教师互动：利用教研时间，安排一些老师上研讨课。然后，听课教师和授课教师进行互动交流，在研讨中共同提高。②家校互动：请家长走进课堂，与孩子们共同上课，课后家长们针对所听的课与教师、领导共同座谈。另外通过书信、调查问卷等形式与家长相互交流沟通。③师生互动：开展"学生眼中的教学精彩回放"征集活动，通过书面交流，营造师生间平等对话的氛围，让教师以学生为镜子自我反思、自我选择、自我改进。

3. 专题式教研：各教研组围绕一个专题进行研究讨论。比如：小学一年组教师在进行随文识字教学时，对如何处理学字与学文的关系存在一定困惑。教研时就以"如何进行随文识字教学"为专题进行了深入细致的研讨。经过讨论，大家达成了共识。

4. 反思式教研：以备课组为单位开展教学反思活动，人人参与，结合教学中的得与失进行反思，对自己的教学行为及学生的学习表现、学习效果进行理性的分析，使自己从经验型教师逐渐转变为反思型教师。

5. 随机性教研：我们倡导教师针对教学中存在的问题，随时随地进行研究。比如：在学校教学大赛中，我们发现教师的教学误区，下课后，可和所有在场教师进行研究讨论，澄清模糊认识。

6. 会诊式教研：每个学期，行政干部要集体深入课堂听课，针对教学中出现的问题进行"集体会诊"，和任课教师"面对面"交流，深入细致地帮助分析教学中的成功与失败之处，运用集体的智慧，找出"病情"，分析"病因"，开出对症的"处方"。通过"集体会诊"，帮助教师改善教学行为，提高教学能力。

7. 对比式教研：组织同一年组的两位教师选定同一课上对比研讨课，通过座谈讨论、对比分析，使大家取长补短，共同提高。

8．校际教研：与其他学校组成教研联合体，这一做法有利于加强校际间的校本教研交流，有利于取长补短，互相促进。

因此，创导基于合作研究的校本教研，建立并形成较为完善的运行机制，引导教师开展不同类型、不同层次、不同方式的合作，将引发教师教学行为的变化，增强教师之间的互动，实现教师在思维上的互补，智慧上的交融，工作上的合作，它将在一定程度上改变教研活动的组织形式和教师的专业分工。将合作研究的观念引入教学系统，不仅仅是为了推动"课改"，而且也是为了顺应教育社会化和提升教师专业能力的需要；它是对传统教学系统的一次革命，符合时代的需要，代表了现代教学系统未来发展的方向。

原苏联著名教育家马卡连柯曾说：如果有五个能力较弱的教师团结在一个集体里，受着一种思想、一种原则、一种作风的鼓舞，能齐心一致工作的话，那就比十个各随己愿地单独行动的优良教师要好得多。教育改革成功的实践证明：当个人试图单独实施变革时，往往不会发生重大的变革或变革的速度缓慢，而当教师之间相互合作研究，形成合力时，改革会更迅速、更彻底、更成功。

潜心教研 精心指导 真心服务

——一名基层教研员的工作经验交流

下面谈谈我十几年教研工作的具体做法和心得体会。不妥之处，还望大家包涵指正。

一、学"术"悟"道"，做一名合格的教研员

我从事教学工作达 29 个年头了，教了 17 年小学语文，也当了 17 年班主任，但在教学生涯中，从未接触过小学科学（过去叫自然）这门课程，也不知道怎么去指导和服务教师，更谈不上研究。2005 年被借调到宜章县教育局教研室后，为迅速转变角色，我不断鞭策自己，勤奋学习，努力提高自己业务水平。一是向书本求知。通过熟读教材，把三至六年级上、下册共八本书，认真地看了好几遍，知道了小学科学大概分为三大块：物质科学、生命科学、地球与宇宙，（现在又增加了一个版块：工程与技术），而且三大块知识分别以单元的形式分布在每一册当中，并且层层深入，环环相扣；后来我又找了 2003 版和 2011 版的课程标准读了一下，了解每个阶段该达到什么标准。近几年，我还经常利用空余时间，通过互联网，线上学习全国优质教研资源，尤其是专家点评，边看边作记录。比如，我们张敏主任经常把一些教学资源放到湖南小学科学教研网上，我一有空就去浏览一下，受益匪浅。二是向大师取经。通过积累一点书本知识后，才敢下校去听老师上课，在下校听课当中，尽量虚心向一线的老师学习。有些老师是已经教了十几年的科学了，如：夏雪莲老师、王小庚老师、黄晔玲老师等。我经常与他们交流、切磋，一起做实验，有时遇到一些问题，与他们讨论几个小时直到弄明白才罢休，从他们的身上也学到了不少的知识。今年 11 月份，我又有幸被湖南省教育厅选择推荐参加了在东南大学为期 10 天的国培计划（2016）——一线优秀教师培训技能提升研修项目小学科学教研员班。在那里聆听柏毅、朱艳梅、梁宗保等八位教授、专家的讲座，学习一些优秀教研员和优秀科学教师的教学案例。三是向实践问路。每年我都带老师参加或观摩市里、省里的小学科学教学比武。特别是 2014 年 11 月份有幸参加在昆明举行的全国小学科学教学比武，让我真是大开了眼界。老师们那种精湛的教学技巧，游刃有余的组织教学、驾驭课堂的能力，真是让我受益良多。特别是让我耳目一新的是老师上课用的一些教具，大部分都是老师自制的，既实用又直观，而我们的老师经常埋怨上课没有配齐教具，上课很多时候就是一支粉笔一本书，学生没有动手操作的机会，更谈不上培养动手

能力。这些教学比武实践，让我对教研工作方式方法的创新有了更深刻的认识。

二、爱"岗"敬"业"，做一名称职的指导员

"干一行爱一行"。作为一名教研员，研究、指导、服务是我们的基本职责。但小学科学是一门边远学科，学校领导不甚重视，家长更不清楚。因此，专职科学老师特别少，乡镇学校几乎没有专职科学老师，城内的学校也只有 1—2 个专职科学老师，培训老师迫在眉睫。为挖掘、培育更多的学科"新秀"，我主要在四个"勤"字上下苦功夫。一是耳"勤"。我坚持每年下乡下校一百天，听课一百节以上，每次听完课后，都会从教案的设计、目标达成度、学生参与度、有效引导以及动态生成、时间分配等细微处进行指导，每次听完我的点评，老师们都会发出感叹，收获特别多。二是腿"勤"。我每年在我县都会开展一至二次大型的小学科学教学活动，从 09 年开始，每年下半年，全县都会举行一次新教师教学比武，就能发现一批优秀的年轻的小学科学老师。同时，利用学科联组活动，小学科学教学比武活动，科学实践竞赛活动以及讲座，课程标准培训等多形式、多渠道进行培训。通过我有计划地培训老师，我县涌现了一大批优秀的科学老师。如：罗德胜老师、王海杏老师、杨国洪老师、曹莉老师、吴章武老师、文振军老师、谷玉清老师、温知烨等等都分别获得过省奖、市奖。在 2015 年下期，省教科院科学教研员张敏主任带领长沙洪霞工作室的团队送课下乡到我县。我县三完小的吴章武老师执教的《哪种材料硬》一课受到了张敏主任的高度评价，以及到会领导及老师们给予了高度赞赏。今年上半年，我县开展了校、片、县的小学科学教学比武，参与听课的人数特别多，上课的老师也特别多，片赛有 20 多位老师参赛，县赛有 6 位老师参赛，这样通过层层选拔，老师也在一遍一遍地磨课当中进步，不管片赛还是县赛的课，每一节课我都会进行耐心的指导和精心的点评，所以这种以赛带训的效果特别好，老师进步特别快。三是口"勤"。我坚持定期到校推门听教师上课、搞学术讲座、和师生聊天，锤炼好自己的"口功"，其中，我的《如何提高科学课堂的有效性》《评课也要讲究艺术》等讲座，获得了老师们的高度赞扬。四是手"勤"。我还利用网络来进行培训，我县建了一个宜章科学老师群，常常利用这个平台发一些微博、教学沙龙等，有时，找一些教学资源发到群里，让老师们学习，也给老师们创造了一个交流讨论的平台。老师们的兴趣特别的大，通过这种形式，教师们也学到很多知识，开拓眼界。通过我采取各种形式的培训也培养了一大批新秀，如周桂超、黄青梅、黄庆兰、李新、刘正伟、王富艳、杨红莲、李常阳等等，这些都是一些参加工作不到 3、4 年的老师，他们成长得特别快，现在都成了我县的中坚力量，因此，我县的中心小学大部分学校都有 1-2 名小学科学专职老师了。当然在培养新秀的过程中，我也不忘发挥老一辈骨干老师的力量，如：夏雪莲、李异军、李志武、欧阳勇、黄晔玲、王海杏等，把这些火种播撒出去，让他们"师

教师"，使我们的科学教师队伍更壮大、更优化。因此，由于自身的努力，也获得了不少的荣誉。09年、10年、13年、15年多次被郴州市教科院评为教育科研工作先进个人。12年、16年两年被我县年度考核评为优秀。被湖南省推荐参加2016年国培计划，被湖南省中小学教师发展中心聘请为湖南省小学科学老师资格考试面试考官；还被我县装备处聘请为实验操作比赛的评委，中学实验考试的考官等。

三、以"点"带"面"，做一名优秀的服务员

"不积跬步无以至千里，不积小流无以成江海"。如果说一个教研员只是一个"点"的话，那么科研基地就是一个汇聚全体教研员智慧和力量的"面"。我深知，一个人的力量太小，必须搭建更大的平台，吸纳更多的教研力量，基层教研的实力才能实现质的飞跃。所以，近几年，我一直致力于服务科研基地建设，全力打造属于我们自己的教研品牌。经过坚持不懈的努力，2014年6月25日，我县三完小被正式定为郴州市首批"小学生科学素养的培育研究"科研基地建设学校，能够得到此殊荣，也证明了我县科学教研的实力。我们的主要做法，一是积极争取上级支持。科研基地的建设如果没有上级的支持，就会沦为一句空话。在得知能够申报科学教研基地的消息后，我第一时间向县教育局领导汇报，积极争取市、县教育局领导以及相关县领导的支持。比如，在师资力量配备上，县教育局就决定每年选调一批科学专职教师给我们充实科学教师团队，如三完小由原来的2位专职科学教师增加到了4位。其它学校也逐年增加了科学专职老师。在经费保障上，县教育局明确表态，科学教师的培训资金和科技活动开展所需经费的开支，以及科技教师提出合理的需求等，都毫无条件地支持。二是专家倾情指导护航。科研基地的成功建设，离不开省市专家的精心指导。2014年9月，市教科院科学教研员雷宝华一行，亲临县三完小指导工作，就如何营造科研氛围，凸显科学教研基地之特色提出了宝贵的意见和建议。在2015年下学期，省教科院科学教研员张敏老师带领长沙洪霞工作室的团队送课下乡，为我们送来了宝贵的科学教学经验指导。在本次送教活动中，县三完小吴章武老师执教了《哪种材料硬》，长沙的何为老师执教了《北极星不动的秘密》，张敏主任还利用短信平台让老师们进行现场点评课堂，老师们的参与度特别高，也收到了很好的效果。活动中，不管是老师还是学生的表现，都充分展示了我县科学教学深厚的功底和扎实的基础，受到了到会领导和老师们的高度赞誉。三是丰富科研活动内容。通过开展主题科普活动、"科学俱乐部"社团活动、科技节活动，不断丰富科研内涵，让学生在实践中加深对科学的兴趣。比如，2015年上期，我们组织科学俱乐部的学生参观考察了宜章县长策野猪养殖基地，让孩子们跟野猪进行零距离的接触，了解了野猪的外形特征和生活习性，培养了孩子们的科学探究兴趣和观察分析能力。2015年下期，我们科学俱乐部的孩子们又对附近的各式铁塔进行了考察和实验假

设、实验验证，并制作了科学实践纪录片，参加省科技创新大赛获得一等奖。还有，我们的科学 DV 项目，已经带动我县几所学校开设起来，并成为代表我市参加省赛的专项组，连续三年的湖南省青少年科技创新大赛中的科学 DV 项目，我县都代表市参赛，都取得了很好的成绩。在 2015 年省青少年科技创新大赛中，县三完小黄湘怡、曹恒瑞、李志权同学获得省一等奖，我县的夏雪莲和李翠莲老师还因科技教育取得的优异成绩，获得了 2015 年度郴州市教育教学质量管理突出贡献奖。同时，为了拓展学生的科学视野，我们还组织学生到宜章一中参观流动科技馆、到郴州参观了矿博会和航空航模展，让孩子们学到了课本上从未学到过的知识，亲眼看到了创新超前的科技作品，极大激发了孩子们对科学的兴趣。在本年度的学科教研基地研究中，县三完小教研基地研究成果《小学科学素养的培育研究》荣获郴州市基础教育课程改革典型案例一等奖。2016 年 9 月—12 月，我县三完小又开展了以实践、合作、创新、文明、成长为主题的科技节活动，活动内容丰富多彩。本届科技节通过创造发明、科技制作、科幻画、科学实践、科学 DV 制作等一系列的活动，让每一位同学都参与到科技活动中来，而且从学校的科普活动辐射到了家庭的科普活动，形成学校、家庭、社会三位一体的科普活动体系!2016 年，该校又被评为湖南省中小学科技创新教育基地学校。

　　以上种种，仅仅是我县小学科学领域取得成绩的冰山一角，还有很多典型生动的案例、事迹，由于时间关系我就不一一例举了。但作为一名小学科学教研员，我始终把自己定位为一名服务员，始终以饱满的热情、昂扬的斗志、刻苦的精神、坚韧的毅力，持续为学校、为老师、为学生争取更多的支持，解决更多的实际问题，让科学教育在大家共同的努力下发光发热。（湖南宜章肖小月）

微课程辅助课堂教学有效性的探析

十九大报告明确提出"优先发展教育事业"，其中，"加快教育现代化"、"办好网络教育"等给我们提出了新的要求和任务。随着教育信息技术的发展，人们的学习方式已经发生相应的改变，由原来的纸笔学习向在线电子学习拓展，由固定场所的学习向"泛在学习"转变。然而学习方式转变的理想遇到目前学校教育条件有限的现实，在这个时间节点上，长沙市于2014年申报了全国教育信息技术"十二五"规划重点课题——《信息技术环境下教学有效性研究》，并选取了十二所学校开展实验研究。历经三年的理论与实践探讨，有关微课程在课堂教学中的应用方法及效果，同时针对教学应用中可能存在的问题进行了分析并提出相应对策与建议。

一、研究背景与意义

随着时代的发展，传统教学已无法满足学生多元化的学习需求，教与学的矛盾也就越来越突出。近几年来，网络技术的进一步发展，特别是大量的"微"教学资源的出现，催生了新的教学模式----翻转课堂。然而，微课程这一新生教学资源，能否在我国中小学课堂教学中得到应用、又该如何应用以及教学效果将如何等问题一直困扰着一线教师。

1. 传统教学中面临的困境。随着中小学招生数目的逐年扩大，学生的层次也变的更加复杂，学生管理难度加大，教师埋怨现在的学生难教，学生抱怨课堂枯燥无味，教师组织的教学活动总是难以满足全体学生的学习需求。由于教师的教学难以满足不同水平学习者的需求，而学习者对教学的不满情绪又直接影响了教师的积极性，进而影响了教学目标的实施。传统教学与学生需求之间的矛盾在加剧，教学实施与教学目标达成的矛盾也日益凸显。

2. 现代教育技术的发展和新的教学模式的出现。伴随着信息技术的发展，特别是移动媒体普及和网络服务水平的提高，在线微课程应运而生，使满足不同学生需求的"泛在学习"活动成为了可能，也在一定程度上缓解了课堂教学与学生需求之间的矛盾。随着时间的推移，微课程在教学越来越频繁，特别是欧美等发达国家的一些学者在教学实践的基础上，还提出了基于微课程资源的教学模式——翻转课堂。

3. 教育教学发展的时代要求。对于教育而言，"互联网+"主要包括在线教育、云平台、开放课程等，而微课程则是教育教学领域"互联网+"计划得以实施的不可或缺的重要元素。《国家中长期教育改革和发展规划纲要（2010--2020）》提出加快教育信息化进程，一方面加快教育信息基础设施建设，另一方面通过加强网络教学资源库建设、引进国际优质数字化教学资源、开发网络学习课程、建立数字图书馆和虚拟实验室等途径，加强优质教育资源开发与应用，而微课程则是优质教学资源开发和应用的重要组成部分。微课程的相关研究，符合我国教育教学发展的时代要求。

正基于此，我们认为开展微课程辅助课堂教学有效性研究，推积极广微课程其意义是十分明显的：

1．有利于个性化学习体系的建立。传统课堂教学，班级是基本教学组织单位，学生在教室里按照统一的学习进度和学习要求被动学习，此时学生仅仅是知识的被动接受者，学生个性化的学习需求无法得到满足。微课程的微型化、碎片化则符合个人学习者的学习风格，能有效增加学习机会和满足学习需求，从而有利于学生个性化学习体系的建立。

2．有利于推动高效课堂的实施。高效课堂是新课程改革以来备受关注的课题。有的教师通过转变教学组织方式，如自主学习、合作学习等来提高课堂教学效果，也有的教师采用"先学后教"等创新教学模式来改善课堂教学。微课程在学科教学中的应用模式研究和效果分析，能进一步促进教学组织方式的转变和"先学后教"教学模式的创新应用，从而推动高效课堂的实施。

3．有利于推进微课程的本土化教学应用。目前微课程的本土化教学应用还处于初期阶段，成功的教学应用案例较少，应用学科范围还较窄，通过对微课程在课堂教学的实证研究，将丰富微课程教学应用的案例，同时对国内外学者构建的教学应用模式进行改进，使之更加接近本土课堂教学实际，为微课程的本土化进程提供借鉴。

二、有关概念与现状分析

1. 什么是微课程。广东省佛山市教育局教育信息网络中心胡铁生老师认为：微课是根据新课程标准和课堂教学实践，以教学视频为主要呈现方式，反映教师在针对某个知识点或环节的教学活动中所运用和生产的各种教学资源有机结合体。上海师范大学教育技术系黎加厚教授在《微课的含义与发展》一文中，根据教学论的系统观，给"微课"（或者称为"微课程"）定义为：时间在 10 分钟以内，有明确的教学目标，内容短小，集中说明一个问题的小课程。综合多种观点，我们认为：微课程是指运用建构主义方法化成的、以在线学习或移动学习为目的的实际教学内容。它是以一个内容简短、主题明确的视频方式来集中说明一个问题或核心内容的小课程；它是由一线教师和专业人员合作开发，源于教师的教育教学实际，为教师所需，为教师所用；它具有完整的教学设计环节，包含课程设计、开发、实施、评价等环节。其精髓是"微而精，小而奇，内容少，蕴意深，从小处入手，解决一个问题"。

2. 什么是教学有效性。英国学者基里亚科（C kyriacou）在《学校有效教学》（1986）的专著中指出："有效教学主要关心由某种教育活动怎样最好地促进了学生的理想学习"。就目前我国中小学课程标准的角度来看，教学有效性是指通过教学，使学生获得发展，而发展则指的是知识、技能，过程、方法与情感、态度、价值观三维目标的整合。本文所指教学有效性，是在遵循教学活动客观规律的基础上，通过教师的有效教学行为，能最大限度地实现特定的教学目标，取得最佳的教学效果，促进学生有效的进步或发展。涵盖了有效的课前准备、有效的教学实施和有效的教学评价和反思。有效合理的教学策略及方法是教学有效性实现与否的关键。

3. 现有微课资源质量分析。研究中，我们针对部分现有微课视频资源进行了分析，发现很多中学微课视频资源的质量并不令人满意，具体表现在以下三个方面：

一是微课不"课"。微课不仅仅是浓缩的教学视频，由于其承载着教学功能，故其课程的属性非常突出，因此需要有明确的教学目标、清晰的教学过程、合理的过渡和必要的教学小结等。教学目标让学习者明确该微课资源学习要学习哪些内容，要达到什么目标。教学小结与教学目标前后呼应，帮助学生梳理该课程主要知识并构建知识体系。但目前中小学微课程大部分的微视频资源，往往缺少教学目标和教学小结。

二是微课不"微"。微课作为一种课程资源，其"微"的特征是与其他课程资源的一个重要区别。从时长上来说，国内外普遍认同微课视频时长以 10 分钟左右较为适宜，但目前很多微课视频资源的时长大都相对较长，有的甚至长达 40 多分钟，已经完全丧失其"微"小的特点。

三是微课程互动性差。微课程的交互性，在国外很多课程资源中以多媒体动画、学科游戏等方式来实现的，在国内部分中小学的课程资源也有一些交互，但目前我国微课程资源多为单线程顺序播放的视频资源为主，对于一些重要的学习信息，往往稍纵即逝。授课教师提出的问题，往往视同学习者已经进行了回答，学过的内容也往往视同掌握，微课视频资源缺少对重要学习信息进行必要的提示和反馈，也缺少课程资源与学生的交互环节，不利于微课程教学内容的掌握，也不利于激发学生学习的兴趣。

三、微课程在课堂教学中的作用和模式

1. 微课程在课堂教学中的作用

一是满足学生不同的学习需要，促进新课程基本理念的实现。随着微课程在课堂教学中的应用，学校在开足必修课程的前提下，开发一系列微课程，改变目前很多选修课无法开齐开足的现状，让学生选择自己喜欢的和需要的微课程进行学习，以更好满足学生不同的学习需要，从而使课程理念向现实推进一步。此外，强调信息技术在学科学习中的应用，也是新课程基本理念之一。微课程作为新兴的教学资源，其应用过程需要信息技术和网络技术的支持，因此微课程在课堂教学中的应用也有利于这一理念的实现。

二是丰富教学资源，改善课堂教学效果。利用内容丰富的微课程资源，让学生在知识学习的同时，对学科知识相关背景也有充分的感性认识，从而有利于学生对抽象知识的理解和掌握。其次，微课程把教师的操作演示过程转变为可视化的教学资源，使教师在课堂上有更多的时间和精力去关注学生操作过程中出现的问题，并进行有针对性的指导，从而改善课堂教学的效果。

三是关注学生个体差异，实现个性化学习。能力的个体差异是指不同个体之间所表现出来的能力差异，主要表现在能力的水平、结构、表现早晚和性别。学习能力不同的学生，利用微课程灵活性、开放性的特点，根据自身需求选择需要的微课程资源进行学习，并能自主控制学习进度。微课程为学生提供了自主学习的资源，让学生随时随地进行知识巩固学习。微课程把部分较难学习内容划分为若干个微小知识点，学生可以通过微课对难点问题进行多次重复学习，从而实现学生的个性化学习。

四是促进师生角色的转变，深化课堂教学改革。建构主义认为，学习是学习者在一定的情境即社会文化背景下，借助他人的帮助，利用必要的学习资料，通过意义建构的方式进行。微课程通过把教师课堂教学过程视频化，使教师从单纯的知识传递者、讲授者的角色中解放出来，成为学生学习的指导者和帮助者，而学生也从知识的接受者转变为知识的主动建构者。微课程在课堂教学的应用，将有利于突破目前课堂教学改革的瓶颈，进一步推动课堂教学的改革

2. 微课程在课堂教学应用中的主要模式

按照微课程与信息技术的关系，可以分为线上应用模式和线下应用模式，就微课程

在课堂教学中的应用时机可划分为翻转课堂模式、课外辅导模式和课堂镶嵌模式。

一是翻转课堂模式（先学后教）。翻转课堂是是从英语"FlippedClass Model"翻译过来的术语，有时也被称为"反转课堂式教学模式"。翻转课堂是把传统的学习过程翻转过来，让学习者在课外时间完成针对知识点和概念的自主学习，课堂则变成了教师与学生之间互动的场所，主要用于解答疑惑、汇报讨论，从而达到更好的教学效果。翻转课堂通过学习流程的重构，实现了知识传递与知识内化的翻转，而传统课堂教学课堂主要是知识传递，通过课外学习实现知识内化。从某种意义上来说，翻转课堂与我国近年来广泛应用和实践的"先学后教"教学模式有相似之处，但两者所需的教学资源类型不同，"先学后教"的教学模式主要依靠线下学习的文本资料，而翻转课堂主要依靠互联网络支持下的线上微课程资源。

二是课外辅导模式（先教后辅）。课外辅导教学与课堂教学是一个完整的教育体系，课外辅导教学是在课堂教学活动之外,对学生进行多方面教育的有效形式,也是对课堂教学活动局限性的弥补手段,它与课堂教学相互作用、相辅相成,对完成教学任务、实现教学目的具有同样重要的作用。微课程中核心教学资源是知识传授过程的微视频，学生可以根据自身需求自主选择所需部分进行观看学习，同时学习时间和空间也比较灵活，故该教学模式与传统相比具有较强的灵活性和自主性。

三是课堂镶嵌模式（边学边教）。也有一些教师把微课程当作一种视频化的教学资源引入课堂，与翻转课堂模式和课外辅导模式不同，微课程仅作为一种教学资源被直接引入课堂中来，并镶嵌在课堂教学的不同环节，从而达到辅助课堂教学的目的。

四、微课程在课堂教学应用中的有效性评价

在国外，较为成功的模式是将微课（在线视频课程）应用于"颠倒课堂"、"电子书包"、"混合学习"等教育改革项目中，并已取得了较为明显的效果，影响最大的就是可汗学院教学模式。微课程应用效果需要实证干预，微课程发展和应用如何，最有发言权是学习者。目前国内对于微课程教学应用效果的研究相对较少，其中马秀麟等所做的关于大学信息技术公共课翻转课堂教学的实证研究，具有较强的借鉴意义。

1. 有效应用。一是微课程学习环境的搭建。微课程学习环境的搭建是保障微课程辅助课堂教学顺利进行的前提。微课程辅助课堂教学的学习环境包括用于微课程学习的学习终端、网络条件和软件技术平台。微课程学习的软件技术平台目前有交互式网站、电子书包、学习软件等。二是微课程的教学设计。包含教学目标设计、微课教学视频的选择与设计、教学过程设计。教学过程主要分为课前教学和课堂教学两部分，其流程如图所示：

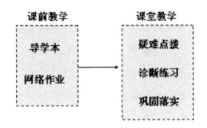

2．有效目标。课堂教学的有效性评价一般从教学资源、教学过程、教学目标等方面进行评价，我们主要从教学目标的达成方面进行评价，即课堂教学的效果，其评价的目标主要有两个，一个是学生的学习成绩，另一个是学生的学习素养，包括学习的动机、学习兴趣学习习惯等方面进行评价。

3．有效手段。比如对实验学校实验班级分别进行微课程辅助课堂教学实验操作，而控制组则采取普通教学模式，通过前测和后测获得两组学生的学业成绩，并进行差异性检验，分析微课程辅助课堂教学对提高学业成绩、培养学习兴趣和学习习惯是否有显著效果。

五、微课程有效辅助课堂教学的对策与建议

虽然微课程辅助课堂教学目前还存在大量的问题需要解决，但微课程在课堂教学的应用仍需要实践和推动，我们对微课程辅助课堂教学的对策进行了归纳。

1．加强培训，更新观念，推动微课程课堂教学应用实践。教师应该是微课程课堂教学应用与实践的主体，但目前受理论水平和教学观念、教学习惯等因素影响，使得一线教师积极参与教学实践的内驱力不足。2014 年开始实施长沙市中小学教师全员信息技术培训，给全市教师提供了微课和信息技术应用能力两个系列的培训内容，三年来大力提升了教师应用水平和对微课教学的认同感，同时也推动更多的学校和教师开始参与到微课程教学实践中来。通过体系化、常态化的培训，尽快更新教师的教学观念，将有助于提高一线教师微课程教学的理论水平和实践能力，从而推动微课程辅助课堂教学的应用实践。

2．加强合作，促进微课程资源的开发和技术平台的建设。微课程资源是微课程教学应用的前提，相关支持技术平台则是微课程教学实践的重要保障。微课程资源的开发，既需要有学科专业教师，也需要教育技术人员和课程开发专家。而单靠一个学校的教师很难实现三个角色的统一，导致其微课程的开发能力有限。因此建立跨校区域学科微课程开发团队，是实现优质微课程高效开发的有效途径。为实现区域微课程资源的开发，长沙市教育局已经牵头，甄选优秀的学科微课程开发教师，选配教育技术人员和课程开发专家支持，并编制学科微课程开发目录，统一规划，合理分工，严格把关，实现区域微课程资源的高质高效开发，为微课程辅助课堂教学实践提供有力的资源保障。目前还在探讨加强与相关技术部门或企业的合作或采用购买第三方服务的方式，实现教育与技术优势有机结合，改善微课程学习平台的可操作性、交互性，完善其管理和评价功能，以打造更加完善的微课程辅助课堂教学的技术平台。

3. 改进翻转课堂教学模型，创新微课程辅助课堂教学的应用模式。借鉴布鲁姆的掌握学习流程，在国内外学者构建的翻转课堂教学模型的基础上，我们结合中小学生学习特点和微课教学实践，对翻转课堂的课堂教学模型进行了优化和改进，如下图：

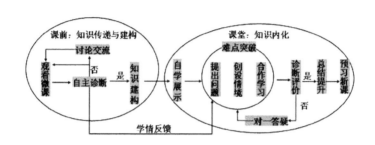

该模型更接近目前中小学课堂教学现状，更清晰的展示了课堂教学实施的流程，进一步阐释了课前与课堂教学之间的关系，更重要的是，该模式为解决学生微课程学习时间不足的问题提供了一种解决方案，同时也有利于学生根据自身需要开展个性化学习活动。

4. 加强教学创新，保证微课程学习时间。一是重排学生在校学习时间，为了保障学生微课程的学习时间，目前较为普遍的做法是对学生的学习时间进行重新分配。为了让学生有时间进行微课的学习，给每个学科分配一节专门用来进行微课学习的自习。当然，也可以把课堂教学的时间减少，这样每天能额外提供一定的课外学习时间。二是重构学科知识的学习单元，转变课堂教学目标达成观。根据课程标准，分割课堂教学目标，把课堂教学的学科知识进行重构，使课堂教学基本单元由原来的章节变为知识点及其组合，一节课的课堂目标的实现不再是以章节目标的完成，而是达成若干个微小知识的教学目标，而且不同学生在同一次课堂教学达成的目标也可以存在差异，从而使"当堂任务当堂完成"，保证了学生拥有可自主支配的课外时间进行微课程的学习。

总之，微课程作为一种教学资源，其应用必然要服从于教学内容。普通中小学各学科并不是所有内容都适合于微课程辅助教学，我们还要因课制宜，切忌盲目实施微课程辅助教学。长沙市将继续完善微课程辅助教学的管理与评价体制，保障微课程辅助课堂教学健康、科学的向前推进。

落实课程理念 培育核心素养

——深入推进中小学校本课程建设的实践与思考

课程是教育的心脏，它的一举一动，牵动整个教育的神经。所以，每次课程改革，都会引发社会最广泛的关注。《基础教育课程改革纲要》指出，要改变课程管理过于集中的状况，实行国家、地方、学校三级课程管理，增强课程对地方、学校及学生的适应性。这是一项重要举措。关于中小学校本课程建设工作，我们一直在实践与反思中前行。

一是在意义认识上不断深化理解

首先，校本课程建设是满足学生个别化学习需求的重要途径。不管是国家课程和地方课程的校本化改编，还是学校新课程的开发，都是为了使之更符合学生个性化特点和需要，促进学生个别化学习和成长。

其次，校本课程建设是实施素质教育的重要载体。开发更多源于生活、贴近实际、可供自主选择的校本课程，毫无疑问更有利于学生的全面发展，更有助于学生核心素养的培育。

再次，校本课程建设是创建学校特色的重要措施。随着时代发展，课程文化已成为现代学校文化最重要的名片，地方特色鲜明、资源优势明显的校本课程，将是打造区域特色、学校品牌的重要手段。

二是在实践引领中不断改革创新

首先是加强政策引导。从中小学课程标准中有关校本课程的课时设置，到校本课程的专项师资培训，长沙市教育局都作出了专门的要求，鼓励每所学校开发校本课程、培养授课老师。

其次是做好典型示范。通过学校特色项目申报、教学开放日、课改样板校建设等形式多样的活动，发掘、发挥校本课程建设示范学校的典型带头作用。发现一批，推广一批，再影响一批。

再次是落实督导考核。从省市示范校、义务教育均衡校的督导评估，到年度绩效考核，再到教育教学常规检查，我们都把校本课程建设纳入考评的重要环节，没有的要扣分，做得好的可以加分，形成齐抓共管、上行下效的良好氛围。

三是在目标追求上不断推进发展

首先是要提高认识，把校本课程建设提升到立德树人、核心素养培育的高度。学校贯彻落实基础教育课程改革纲要，深入挖掘校本课程资源，就是为了培育今后更加适应社会发展的人才。每个老师都是课程的开发者和建设者，也是课程的使用者和评价者。

其次是要科学规范，让校本课程更好地发挥科学育人的效果。我们要做好课程建设的整体规划，制定课程建设的开发程序，落实课程建设的评价反馈。国家基础教育课程教材专家工作委员会委员、华东师范大学崔允漷教授说："教研室应该成为地区课程发展中心。"那么，我们市、区、校各级教研人员就是校本课程的建设者和指导者。教研室要建立课程评估指标，在分析评估校本课程时，就可以发挥"评价标准"的作用。

再次是要形成特色，发挥校本课程在特色文化建设中的作用。我们要做到一学校一特色，一品牌多支柱，紧紧围绕学校核心品牌，进一步梳理文化特色，找到它们和校本课程的结合点。学校领导要站在校园文化建设的高度来推进课程建设，为提升学校办学理念、完善学校培养目标、满足学生个性发展，提供更大的可能。